心理学视域下翻译的
二维透视：认知与审美

刘轩竹　著

中国水利水电出版社
www.waterpub.com.cn

·北京·

内 容 提 要

　　本书以认知心理学、审美心理学为研究范式，并融合了文化心理因素，对翻译心理学进行研究和探究，以此来构建翻译心理学的理论框架。本书首先分析了翻译心理学的基础知识、中西社会文化基础以及思维机制与运行模式。其次对翻译认知机制、理解、表达等内容进行了阐述。最后探讨了翻译审美机制、解读、表达等。

　　本书内容翔实、论证严密，系统地对译者的翻译心理活动进行了研究，无论对于研究还是学习来说，都是一本很有价值的参考书。

图书在版编目(CIP)数据

　　心理学视域下翻译的二维透视 ：认知与审美/刘轩竹著.—北京:中国水利水电出版社,2018.6 （2024.10重印）
　　ISBN 978-7-5170-6620-0

　　Ⅰ.①心… Ⅱ.①刘… Ⅲ.①翻译－心理学－研究
Ⅳ.①H059－05

中国版本图书馆 CIP 数据核字(2018)第 149402 号

书　　名	心理学视域下翻译的二维透视：认知与审美 XINLIXUE SHIYU XIA FANYI DE ERWEI TOUSHI：RENZHI YU SHENMEI
作　　者	刘轩竹　著
出版发行	中国水利水电出版社 （北京市海淀区玉渊潭南路 1 号 D 座 100038） 网址：www.waterpub.com.cn E-mail：sales@waterpub.com.cn 电话：(010)68367658(营销中心)
经　　售	北京科水图书销售中心(零售) 电话：(010)88383994、63202643、68545874 全国各地新华书店和相关出版物销售网点
排　　版	北京亚吉飞数码科技有限公司
印　　刷	三河市元兴印务有限公司
规　　格	170mm×240mm　16 开本　16.75 印张　217 千字
版　　次	2018 年10月第 1 版　2024 年 10 月第 3 次印刷
印　　数	0001—2000 册
定　　价	81.00 元

前　言

　　翻译研究的主要目的在于探究翻译活动的规律与性质。当前,国内外的翻译研究都呈现跨学科的性质。实际上,翻译不能被简单地看作将一种语言文化转换成另一种语言文化的过程,因为翻译这一活动离不开"人"这一实施主体,而人在进行翻译时必然会受到大脑思维与心理的控制,从这一层面来说,翻译是一项复杂的心理活动。

　　翻译心理活动往往包含两个维度:认知与审美,且这两个维度都有各自的特征。从认知层面来说,翻译心理学主要侧重于认知理解与认知表达;从审美层面来说,翻译心理学主要侧重于审美解读与表达。但是,要想确保翻译的精确性,避免出现误译、错译的情况,就需要了解翻译心理学的文化根源,因为翻译是从文化冲突到文化磨合再到文化取舍的心理过程。基于此,作者从认知与审美两大维度出发,策划并撰写了《心理学视域下翻译的二维透视:认知与审美》一书,以期更好地推进翻译心理学的研究与发展。

　　本书包括十章。第一章开篇明义,对翻译心理学进行简述,分析了翻译心理学的基本内涵、中西方译者翻译心理的研究历程、翻译心理学的未来发展,为下面章节内容的展开做铺垫。第二章从中西方社会文化研究入手,分析了翻译心理学研究的文化基础。第三章探讨了翻译心理学的思维机制与运行模式。第四章至第六章从认知视角探讨了翻译心理学:第四章分析了翻译认知心理学的理论依据,翻译理解的认知本质、认知机制、认知加工模式以及翻译认知的加工系统;翻译的基本步骤包括理解与表达,因此第五章将翻译认知心理学研究具体到语言层面,分析了词汇、句子、语篇三大层面的认知理解;第六章探讨了翻译心理学的心理认知表达,包括翻译表达的认知本质以及语篇翻译。第七章至第九章从审美视角探讨了翻译心理学:第七章阐述了翻译审美心理学的基础知识,包括审美心理学的研究对象、审美控制机制与心理机制、翻译审美心理学的构建、翻译审美机制的运作、美学视角下翻译研究的历程;第八章从解读与表达两个层面分析了翻译审美的心理机制;第九章承接上一章,仍旧从解读与表达两个层面论述了翻译审美的具体过程。第十章作为全书最后一章,论述了产生误译的根源——中西心理文化差异,重点分析了误译的中西文化心理基础、文化心理的宏观与微观视角、文化心理与翻译的关系以及文化心理角度的误译。

总体而言,本书立足于读者视角,通过平实、简洁的语言对翻译心理学的理论进行阐述,具有可读性;在内容安排上布局合理、理论精准,且通俗易懂、深入浅出,对翻译心理学、翻译认知心理学、翻译审美心理学等进行了全方位的探讨和分析。本书对于读者而言不失为一本有价值的参考书。

本书在撰写的过程中,参阅了大量有关翻译心理学的资料或文献,同时为了保证论述的全面性与合理性,本书也引用了许多专家、学者的观点。在此,谨向以上相关作者表示最诚挚的谢意,并将相关参考文献列于书后,如有遗漏,敬请谅解。由于作者写作水平有限,书中不免存在错漏之处,恳请广大读者批评指正。

作　者

2018 年 4 月

目 录

第一章 翻译心理学:心理学视域下的翻译

　　翻译是一种心理活动,译者的情思、性情、动机、志向、品格,都会在每一篇译作中体现出来。翻译心理学(Psychotranslatology),也称为"心理翻译学",是从普通心理学、认知心理学、社会心理学、文化心理学、文艺心理学等应用心理学的角度,以科学和文艺的方法对翻译现象、翻译活动、翻译行为、翻译过程、翻译原理进行阐释、论述,从而试图揭示翻译的本质、以求得到翻译学意义上的理论总结的一门交叉学科。翻译心理学包括宏观翻译心理学和微观翻译心理学,前者是从宏观的视角对翻译现象、翻译借助社会心理学、文化心理学等的原理进行广义的、归纳性的研究,而后者则是从微观的视角对翻译行为、翻译过程凭借普通心理学、认知心理学、文艺心理学等的理论进行狭义的、分析性的研究。翻译心理学不仅涉及众多的人文学科,而且也涉及自然科学,具有强烈的兼容性、广泛性,从最本源的思维到最宽广的语言应用、从人类活动动力的文化心理到人类社会庞大组织体系的心理机制、从文艺审美到情感、发展需要,对翻译进行全面深入的研究。翻译不仅仅是不同文化、语言间交流的手段,而且是革除旧文化、建构新的民族文化心理的必要途径。由此可见,从心理视角研究翻译学将更全面地解释翻译活动、翻译现象、翻译行为。同时,由于基于心理学的诸多应用领域的研究成果,翻译心理学不仅对翻译学进行纯人文的研究,而且也是与自然科学相结合的交叉学科。因此,本章就对翻译心理学进行全面的探究。

第一节　翻译心理学简述

翻译是文化的产物，是人类社会一项极其古老的文明活动，它几乎与人类文明史同时诞生。中国的翻译活动开始于 3 000 年前的周朝，而西方的翻译历史也可以追溯到公元前 3 世纪。原始部落之间的彼此往来，先民的互通有无，各个时期典籍的传播及至当今世界各国、各民族之间的文学、艺术、历史、哲学、科技、政治、经济的频繁交流都仰仗翻译来实现。毫不夸张地说，翻译对维护世界的和平稳定、繁荣进步发挥了不可估量的作用。没有翻译，再伟大的思想也无法交流，再强大的国家也不免故步自封，与人之间也免不了隔阂、猜忌和冲突。

翻译不仅仅是人类生存的甘泉，还是人类思想和精神的阳光。翻译活动使各个民族摆脱狭小的地域限制成为可能，开阔了人们的视野，增进了不同价值观念的借鉴和交流。由翻译带来的不同文明成果的交汇有利于世界各民族之间的交往与和平共处，同时促进了人类文明的共同进步和繁荣。无论在古代社会还是今日世界，翻译都对人类文化的交流，对不同文化的相互砥砺、共同发展，对不同人群的文化心理的形成、塑造发挥了巨大的作用。所以，文化心理学为翻译研究做出了较大贡献。

翻译从本质上讲是一个思维的过程，一个复杂的心理和生理过程，人类所具有的高级思维能力使得翻译行为成为可能。这种思维活动跨语言、跨文化而显得格外复杂、多变，难以把握。故此，要研究翻译行为，非借助思维科学不可。这必然涉及脑科学、神经语言学、认知心理学、认知语言学、符号学、信息科学等众多学科的综合。

翻译是一门运用语言的艺术。人类语言随着人类社会的进步变得越来越复杂、细微，其语汇数量、结构复杂度和表达的难度呈几何级数增长。所以，要达到语际的纯熟运用，成为语言艺术家就要掌握高超的技巧。只有配备了复杂高级大脑的人类才具备这种能力,也只有人类才具有高级的动机、灵感等心理活动,所以唯有文艺心理学的方法论,方得一窥其详。

　　翻译是一种在不同个人、群体、社会之间达成沟通、理解,借助言语进行交流、交际、互动的行为。它的功能性和目的性决定了它在社会中的有用效能和不可或缺性,其社会性尤为彰显。翻译对社会意识形态的形成、对社会的群体行为造成影响的同时受社会思潮、社会心理的反作用,而翻译语言的采用也会受不同时期的流行语言、不同地域语言的影响。所以,社会心理学和社会语言学的原理适用于对其进行功能性研究和目的性分析。

一、翻译心理学的研究对象

(一)翻译的文化心理

1.翻译心理学与文化心理学的关系

(1)跨文化心理学

　　对于跨文化心理学,不同的学者有不同的定义。有的学者认为,跨文化心理学是对人类行为及其传播的科学研究,探讨社会和文化力量形成和影响行为的途径或方式。该定义有助于分析同一作品由不同文化语境中的译者翻译而出现的差异性。有的学者则指出,跨文化心理学是系统地比较不同文化条件下的心理变量,以确定行为差异发生的原因和过程的心理学。该定义强调的是文化和行为之间的因果关系,文化是因,行为是果。这可以用来解释不同译者的译文存在差异性的原因。还有的学者认为跨文化心理学是对不同文化种群成员的经验性研究。这些文化种群有不同的经历,这些经历导致行为方面的可预测的意义之差异。这可以用来对译者的翻译行为做出预测。

（2）文化心理学

翻译心理学也离不开文化心理学的理论支持。文化与心理从本质上说是内在于人、相互依赖、相互建构、互为因果的。文化是人用心理建构的世界图景，在建构的同时心理被其建构的文化改造。换句话说，人的实践活动既依赖自己的心理来改造世界，又赋予世界新的图景并使之文化化，同时根据自己的文化来规范和约束自己的行为。译者作为本土文化的承载者对原文的解读往往是基于自身的文化语境，对原作的理解往往不可避免地注入了自己的文化因素，从而导致原作信息的丧失。

因此，文化心理学可以看作研究人的文化行为或文化心理相互关系的一门学科。其中的文化行为和文化心理是指人在一定语境中具有的、对一定文化刺激做出的规约性反应。换句话说，文化行为和文化心理是特定文化语境中的人对文化刺激所做出的解释和行为模式。

译者作为本土文化的承载者对原文的解读往往基于自身的文化语境，因此对同一原文，译者完全有可能赋予不同的含义。翻译心理学也要研究或解释翻译过程中的文化失真或文化丢失现象以及在何种情况下发生文化失真或文化丢失。

2.该层面下的研究对象

从文化心理学的角度看，翻译心理学主要研究翻译过程中的文化心理因素对译者的影响。具体而言，就是研究误译的问题。误译，即错误翻译，是与翻译的忠实原则格格不入的。但在实践中误译又不可避免。没有哪一个翻译家敢保证译文绝对没有误译。翻译心理学从文化心理学的角度分析把误译分为无意误译和有意误译。

无意识误译主要是由于译者翻译时的疏忽大意、外语功底不深和对译语文化的不了解造成的，这不属于翻译心理学研究的范畴。有意误译是指"为了迎合本民族的文化心态大幅度地改变原文的语言表达方式、文学形象、文学意境等，或为了强行引入异族文化模式,不考虑本族的审美趣味的接受可能性,从而故意用不等值的语言手段进行翻译"。[1] 有意误译有广义和狭义之分。广义的有意误译就是对原文进行增删、改写等,包括欠额翻译、超额翻译、不等值(如语用、语义、风格等方面不对等)现象。狭义的有意误译就是不用目标语中现成的对应词语而用其他词语。

(二)翻译的认知心理

1.翻译心理学与一些边缘性学科的关系

(1)翻译心理学与认知神经科学

翻译心理学与认知神经科学也有密切联系。认知神经科学是一个边缘性学科,它兴起于 20 世纪 90 年代,是认知科学和神经科学相结合的新兴学科。认知神经科学旨在揭示人类认知活动的脑机制,具体地说,旨在阐明人类大脑如何调用各个层次上的组件(包括分子、细胞、脑组织区)和全脑去实现自己的认知活动。认知神经科学利用各种技术结合认知心理学的实验设计来对大脑功能和结构进行研究。

这些技术包括神经成像技术,它是通过生理属性来间接测定大脑活动区域,即当大脑的一个区域活动增加,则该区域的大脑供血和含氧量就会增加。这两项技术已被广泛地用来研究人的语言和记忆系统。认知神经科学技术对译者或双语者的研究起始于 20 世纪 90 年代,主要研究译者或双语者的双语表征、双语切换和翻译的神经机制。因此,认知神经科学为翻译认知心理研究提供了实验依据。

(2)翻译心理学与心理语言学

心理语言学是心理学和语言学交叉结合的边缘性学科,它以言语理解、言语产生和语言习得的过程作为研究对象。如果说言语理解是言语解码的过程,那么言语产生就是言语编码的过程。

---

① 谢天振.翻译研究新视野[M].青岛:青岛出版社,2003:120.

而翻译是一种基于语言媒介的心理活动，翻译理解就是言语理解，而翻译表达就是言语产生。因此，心理语言学为翻译心理学，尤其为翻译认知心理学提供了一定的理论基础。

但心理语言学并不等于翻译心理学或翻译认知心理学，因为心理语言学中的"言语"是指母语或第一语言，因此心理语言学中言语理解、言语产生和言语习得都是针对母语或第一语言而言的。而翻译涉及两种语言，即源语和译语，源语和译语属于不同的语言系统，因此翻译中解码和编码是建立在不同的语言媒介基础上的。

翻译具有方向性，即正向翻译和逆向翻译。正向翻译中的言语编码与逆向翻译中的言语编码具有完全不同编码机制。翻译心理学中更关注的是译者怎样把源语的外部言语转化为内部言语，再把内部言语转换为译语的外部言语。同时，翻译心理学研究的是译者的跨语言心理活动，它拓宽了心理语言学的研究范围。

2. 该层面下的研究对象

从认知心理学和心理语言学角度看，翻译心理学要研究语言与思维的关系、译者的双语思维加工模式、译者的双语心理词汇组织及心理词汇提取模型。有学者认为，译者在翻译过程中存在着两种加工模式——横向加工模式和纵向加工模式。就译者的双语心理词汇提取模式而言，译者大脑中存在着两种提取模式：静态模式和动态模式。静态模式是指译者从静态词库中提取与源语的词汇等价的译语词汇；动态模式是指译者根据语境从译语心理词库中挑选和组合或创造适合源语文化和译语文化语境的词汇。

(三)翻译的审美心理

审美心理学研究的核心内容是审美经验。审美经验就是人们欣赏着美的自然、艺术品和其他人类产品时，所产生出的一种愉快的心理体验。简言之,审美心理学就是研究人类审美过程中心理活动规律的心理学分支。审美主要是指美感的产生和体验,而心理活动则指审美主体的知、情、意。因此,审美心理学是研究和阐释审美主体在美感的产生和体验中的知、情、意的活动过程,以及个性倾向规律的学科。

美感包括审美感知如审美直觉;审美想象如审美意象;审美情感如审美移情和审美理解如共鸣等。从广义的角度讲,审美心理学等同于心理美学;从狭义的角度讲,审美心理学就是文艺心理学。因此,审美心理学还要研究和说明人类从事各种文学、艺术活动时的心理活动和特征。同时,审美的心理过程是审美主体的移情或外射过程。在审美或欣赏时,人们把自己的主观感情转移或外射到审美对象之上,然后再对其进行欣赏和体验。

翻译不仅仅是一种认知心理活动,而且是一种审美心理活动。因此,它与审美心理学也有着紧密的联系。译者的审美过程包括直觉、情感和想象等审美心理要素。审美直觉是指审美主体在审美创造活动中直接、敏锐、迅速地感受、捕捉和透视具有审美价值形象的一种特殊的认识和心理能力。不仅文学家必须具备审美直觉,对译者而言,审美直觉也是不可或缺的审美心理要素。

在翻译过程中,审美直觉固然重要,译者的移情过程也不可或缺。译者的移情过程就是译者的知、情、意融入原作的过程,简单地说,就是译者在翻译过程中注入了原作中没有的东西。译者的知、情、意融入的过程是指译者情绪变化往往会随原作的变化而变化或译者的知、情、意与原作表现的知、情、意形成一种契合。

二、翻译心理学的研究方法

(一)问卷法

1.什么是问卷法

问卷调查(questionnaire)是一种设计严格、目的明确、内容易懂、回答简便的书面问卷。书面问卷需要在一定的群体内抽样调查，让被调查者根据各自对问题的认识，实事求是地填写所选择的答案，从而使研究者获取调查研究的信息。

问卷调查是通过书面形式，以严格设计的测量项目或问题，从研究对象中收集研究资料、信息和数据的一种方法。它主要采用量表方式，进行定量化的测定，也可以运用提问方式，让受试者自由地做出书面回答。问卷调查是为一定的研究目的服务的，因此研究者必须根据研究的理论框架和问卷设计的原则进行严格的设计和编制。

问卷调查法是教育研究中广泛采用的一种调查方法。研究者不必亲临现场，在较短的时间内就可以取得大范围、广泛的研究信息，并能使研究结果数据化。进行社会调查研究是有意识、有目的地探索社会未知领域的认知活动。

问卷调查也有其不足之处：一是要花大量的时间来设计、实施调查和加工整理调查的结果；二是如果调查范围过小，或者问卷所提供的选项过于拘谨、不灵活，就很难获取具有代表性的数据。因此，研究者应根据具体情况，适当地使用问卷调查法。

需要说明的是，不是所有走出家门所做的调查都称得上是问卷调查研究。有两种情况基本上不能视为问卷调查研究：一是对个别人的特殊现象的问卷调查，而不是对群体性的普遍现象的问卷调查；二是只调查不研究也不能算问卷调查研究。问卷调查的基本类别有全面调查、抽样调查两种。

要顺利地抽取具有代表性的样本，首先要明确地界定研究的总体，其次才能确定抽样的样本单位。至于样本数量多少才算合适，一般要看总体的性质、抽样的方法及推断所需的准确程度。要尽可能抽取足够大的样本，使其能够真正代表总体的特征。

就抽样的方法而言，社会语言学研究的抽样方法基本上可分为两类：概率抽样，又称为随机抽样；非概率抽样，又称为目的抽样。研究者可在这两类中依据研究的性质和目的做出选择。这两者之间的区别在于：按照概率抽样，在总体样本中每个成员被抽样的概率是均等的;而在非概率抽样中,在总体样本中每个成员被选择的概率是不确定的。或者说,按照后一种抽样方法,样本的选择全靠研究者本人的主观判断和意图而定。总之,在问卷调查中究竟采取哪种方式抽样,这取决于研究者所确定的研究目的和研究的准确度。

2.问卷法的形式

问卷调查有多种结构形式,但基本上可以分为以下三种。

(1)结构式问卷调查

结构式问卷调查通常是指在问卷调查开始前,研究人员根据研究的需要对调查的内容、问卷中问题的设计、调查的时间、调查方式、抽样方法、问卷发放的数量等事项进行认真的谋划设计,使问卷调查严格地按照事先设计好的方案进行。

(2)半结构式问卷调查

半结构式问卷调查,顾名思义是指在问卷调查开始前,研究人员根据研究的需要对调查的时间、调查方式、抽样方法、问卷发放的数量等事项进行认真的谋划设计,但是对问卷调查的内容、问卷中问题的设计则可以采取较灵活的方式。例如,可设计一些可供选择回答的问题,或者在可能的情况下采取面谈征求意见的方式、电话采访的方式征求被试者对问题的看法等。

(3)无结构式问卷调查

无结构式问卷调查是指在问卷调查开始前,研究人员无须对调查的时间、调查方式、抽样方法等事项进行认真的谋划设计。对问卷发放的数量、问卷调查的内容、问卷的问题设计也不必作严格的事先策划。研究者可就研究的问题以随机提问的方式获取反馈信息,调查的人数也不必作严格的限定,只要研究者认为所调查的信息可以满足研究的需要即可。这种方式适用于对某些特殊案例和小规模的抽样调查研究。通常所调查群体的数量越大,问卷形式的结构化程度就越高。在结构式问卷调查中,多采用封闭式、可量化处理的问题,以便使调查的结果便于量化分析,从而有利于数据的处理、分析与比较。研究的群体数量越小,问卷调查就越倾向于使用无结构式问卷调查的形式,问卷调查的设计也多采用以词语为基础的开放式问题。

当然,在问卷调查中采用大量的开放式问题征询反馈信息既不可能,也无必要。在研究中采用哪种结构方式的问卷调查需要视研究的具体情况而定,通常有以下三种情形。

其一,就某一特定的案例研究来说,采用定性的、非结构式的、以词语为基础的开放式问题的问卷调查,较易获取某个特殊情境下相关的研究信息。

其二,如果需要提取测量数据,可选择量化的研究方法,即以结构式问卷调查为宜。

其三,如果需要调查个体、局部的详细信息,那么就选择以非结构式问卷调查为宜。

研究者可以根据需要选择不同形式的问卷调查。采用结构式、多封闭型问题的问卷调查,有利于发现所研究问题的规律性,有利于数据的比较,问卷调查的结果也相对便于分析。然而,此种问卷调查在研究的初期就需要投入大量时间去精心策划设计,所提供的选项也需尽量考虑到被试者各种可能的反应。

(二)实验法

在社会语言学研究中,研究者可以运用一定的实验条件和物质手段有计划地干预、控制或模拟语言现象,以取得一些研究资料,这就是所谓的实验研究法。兰伯特(W. Lambert)在加拿大进行了一种被称为"变语配对"(matched guise)的实验。他让一个双语者分别用英语和法语朗读了同样内容的一段话,然后将录音材料放给被调查者听,让他们在不知情的情况下,对说话者的性格、品德等进行评价。结果,无论是听英语录音还是法语录音的被调查者,都对"说英语的人"评价高些。这充分显示出当地存在着对加拿大法语的偏见。

(三)观察法

1.什么是观察法

观察是人们认识事物、获取知识的一个重要途径,一个人的知识绝大部分是通过观察得来的。观察法是研究者通过感官或录音、录像等设备,有目的、有计划、有系统地对被观察者的行为、语言、表情、动作等进行观察和描述,以了解某种语言现象、事件和被观察者的心理活动的一种研究方法。

观察是收集资料或数据的最自然的方法。从行为主义的观点来看,这也是最合适的方法,因为人们很少直接谈到自己的行为和心理过程。要了解这些现象,通常的做法是通过观察来获取。观察所得的数据更具有说服力,因为这是研究者在"真实"的场景下所收集到的"真实"的数据,并且研究者有机会看到现场所发生的事情,而不是二手信息。

研究者通过观察可以了解所观察项目的语境,这种观察是开放式的,也是归纳性的。他们还可以观察到一些在不经意时容易忽视的问题,发现一些参与者可能在采访的情况下不愿意自由谈论的事情,收集到超越感知的数据。由于所观察事件的发展或演化结果难以预测,这种获取数据的方式与其他方式相比(如问卷调查法),更具有某种特定的新意。

2.观察法的优势

无论哪一种研究方法,都具有自身的方法特征与优势,现将观察法的优势分析介绍如下。

(1)观察有助于学术理论的提出与验证

学术理论的提出不是某个哲人思维的自由创造,而是在学术研究基础上的飞跃与升华。一方面,研究者通过科学的观察,摄取尽可能多的客观事实,从而为某一理论的提出提供大量而丰富的感性材料;另一方面,研究者提出的理论是否符合所研究课题的规律,是否具有真理性,又有待于实践的检验,因此仍可以通过观察进行验证。

此外,任何学术研究的顺利开展都离不开具有较高信度的第一手资料的支持。观察法有别于其他研究方法的一个重要特点就是它具有很大的直接性,可以获得第一手资料。从这个角度上来讲,即使在已经相对成熟的研究领域开展研究活动,研究者也不能完全脱离观察。因为有些学术研究是以第二手资料为基础的,研究者不能完全排除第二手资料失真的可能性,不能保证第二手资料的绝对可靠性。在这种情况下,研究者为了确保研究成果的真实、有效,就必须通过观察对所用的第二手资料加以验证。

(2)观察是学术创新研究的重要途径

相对于文献检索法及其他研究方法而言,观察法具有独特的优势和价值。在一个相对成熟的研究领域展开研究,研究者可以从文献检索开始,对该领域的研究状况、他人的研究成果、目前已经达到的研究水平及"尚待破译的研究死角"做进一步的了解,并可在自己的研究中有选择性地借鉴他人已有的相关研究成果,这对后续研究的顺利开展具有极其重要的作用。但是,如果研究者面对的是一个从未有人涉足的全新的研究领域或研究课题,那么在进行研究时就没有相关文献资料可供检索、借鉴。对研究者而言,此时可做的就是充分利用观察法,通过观察发现问题、收集第一手资料,从而开始研究活动。

第二节　中西方译者翻译心理的研究历程

翻译是人类极其复杂的一种智力活动。无论是何种语言的翻译,也不管是何时何地的翻译,亘古不变的是翻译始终是人类所特有的一种交流活动,其主体始终是人。尽管随着电子计算机智能化的快速发展,机器翻译已崭露头角,但以目前的发展来看,计算机恐怕永远也代替不了人脑。作为万物之灵的人没有屈服于上帝的意旨,造就出多姿多彩的语言文化,并且还掌握了进行交流的变通手段——翻译。

但是,译者长期以来并没有得到与作者同等的地位。译者向来不受重视,也得不到中肯的评价。译者的重要性是不能,而且也不应该忽略不计的。译者作为一个有思想、有感情、有个性的活生生的人,其心理因素会对翻译活动产生巨大的影响,因此译者的心理研究也具有了重要意义。译者的兴趣爱好、意志品质、个性气质等都会在翻译活动中打上深深的烙印,决定翻译的动机,左右翻译的过程,影响翻译的结果。以前,翻译语言学派和翻译文艺学派长期占据翻译研究的主导地位,两者都只关心翻译的具体方法,关注原文文本与译文文本之间的转换研究,即对翻译客体的研究,很少有人关注译者——翻译的主体。但随着现代心理学的发展和人本主义思潮的复归,对人自身的关注与研究成为各门社会科学和自然科学的焦点。

一、中国译者的翻译心理研究

(一)翻译理论研究的语言学与文艺心理学途径

翻译理论研究中两个最大研究途径是语言学途径和文艺心理学途径,这两种途径分别形成语言学派的翻译理论和文艺学派的翻译理论。

1.语言学途径

语言学派主要是借助于语言学理论来研究翻译。语言学派的最大弊端在于会给人以误导,以为"学好语言学就可以翻译好"。语言学派翻译理论把艺术事实还原为语言事实,把美学问题还原为逻辑问题,其致命弱点是只注重源语与译语在语言层次上的对等和等值,而忽略了译者及其翻译过程中的心理活动。

语言学派把翻译视为一门精确的科学,集中研究语言系统的差异、语言形式的转换，企图以机械化的翻译规则达到最大限度的对等，却回避了文化差异、翻译动机、译文用途等重要问题。根据语言学派的观点，翻译软件能够代替人工翻译，特别是文学翻译。但事实并非如此，因此语言学派的翻译研究已经走进了死胡同。

2. 文艺心理学途径

长期以来，翻译的语言学派和文艺学派在翻译理论的研究中各领风骚，互争高下。翻译理论家就翻译到底是科学还是艺术长期争论不休。而随着自然科学的突飞猛进和人文思潮的复归，自然科学与社会科学的交叉，两者内部各学科之间的交叉也越来越频繁，出现了大量的交叉学科，其中就包括心理学与翻译的结合。20 世纪以来，心理学的研究取得了丰硕的成果，出现了一些心理学与其他社会科学的交叉学科的研究。翻译理论家也开始把目光投放到心理领域，研究翻译的心理过程。

对于译者个体心理的研究，文艺心理学堪当重任。1908 年，弗洛伊德（Sigmund Freud）发表的《创作家与白日梦》使文艺心理学得到普遍认可。弗洛伊德在文中解释了创作家创作心理类小说等作品时其灵感与想象的来源。弗洛伊德的理论主要是用于分析作家的创作动机和其作品的内容——这些理论同样适用于翻译者，因为他们的工作几乎无限接近于创作家。

文艺心理学派的翻译理论要研究译者的心理，但大都局限于译者的经验性论述。文艺心理学派似乎对语言学派翻译理论有一种"绝对排斥"的态度，它将跟语言学派翻译研究一样走进了死胡同。

(二)国内有关译者心理研究的观点

关于译者在翻译中的地位，翻译文艺派自身内部不太统一。有持"背叛"论者、有持"一仆二主"论者、有持"隐形人"论者以及有持"创造叛离"论者。

杨武能(1998)用自己的翻译实践分析了译者在翻译状态中的心理活动,文学翻译是一种艺术再创造,不仅意味着语言形式、信息的转换,还意味着限制,而限制与创造恰恰形成一对矛盾,处于这一矛盾中的翻译家不断地在自我的否定与张扬之间寻求平衡,克服文学翻译中"一仆二主"的尴尬。他把翻译家放在作家、原著、译著和读者中间,认为只有认识自己在进行再创造时的心理活动规律,才能变尴尬为自由,获得创造的乐趣。他把翻译过程分为理解和表达两个阶段,这两个阶段始终伴随着译者的判断和选择,所以文学翻译就是一种判断和选择的艺术。同时,他分析了译者的社会心理,认为译者应该加强自我修养,要克服社会对译者的偏见,要与偏见做斗争,为树立不卑不亢的内外形象而努力。

颜林海(2015)主张从学科建设上对译者的心理活动加以系统的科学研究,即建立翻译心理学。

二、西方译者的翻译心理研究

(一)翻译认知过程研究的理论基础

认知心理学是以信息加工为核心的心理学,其主要研究范围包括注意、感知觉、学习和记忆等认知过程和结构。认知心理学家把大脑比拟为计算机的信息加工系统,认为大脑就是一个"中央处理器(CPU)"。认知心理学是以人类感知觉、思维和记忆为研究核心的理论观点。它把学习者比拟成主动的信息处理器。

洛舍把人类的认知看作信息加工。

贝尔认为"翻译过程论"要求对信息处理进行研究,研究论题包括知觉、记忆、信息编码和解码,其研究途径为认知心理学和认知语言学。贝尔很赞同对"翻译过程"进行描述性研究。

贝尔批判了杜布瓦(Dubois)的"完全等值"思想,他认为完全等值是幻想,因为语言各自有不同的符号及其语言符号组合规则，同时这些形式具有不同的意义。贝尔对翻译过程的研究是建立在信息论原理基础上的，因此他比较赞同翻译就是交际，交际也是翻译的观点。

贝尔引用斯坦纳（Steiner）的话来印证此观点的正确性，即意义"或纵或横"地在某一个层面上的转移，"或纵或横"是指意义具有多重性，但任何交际或翻译都只能传达其中的部分意义，有些意义在交际或翻译过程中损失掉了。到底是取"纵"舍"横"还是取"横"舍"纵"，这完全取决于译者本人。因此，对译者翻译过程中的大脑活动或心理活动的研究是关键。

（二）翻译认知过程研究的主要内容

1.翻译策略

在认知途径研究者看来，要真正反映翻译策略的本质，翻译研究必须对译者的认知心理活动进行实验观察分析，从中观察分析译者的翻译策略。长期以来，翻译策略和翻译方法在翻译研究中都未能得到清晰的界定。

洛舍认为要真正反映翻译策略的本质，就必须采用描述式研究法。通过对译者进行认知心理活动的实验观察分析，洛舍将翻译策略定义为"译者为解决翻译问题而采取的一系列步骤"。既然是"一系列步骤"，那就意味着，翻译策略有起点也有终点；在这个从起点到终点的过程中，译者的"言语和心理活动都可以看作翻译策略的构成步骤和要素。这些步骤和要素便构成了翻译过程分析模型的范畴"。一般而言，译者在遇到翻译难题时不可能立刻就找到最佳解决方案，往往是通过记忆搜索，激活大脑信息网络找到临时方案，再加以优化而最终找到最佳方案。

洛舍认为翻译策略由以下要素组成：发现问题、问题表述、方案检索、方案、预案、子方案、待定方案、消极方案、原文接受问题、源语文本检测、译语文本检测、源语文本解释、译语文本解释、方案检验、源语切分心理建构、译语切分心理建构、文本切分评述、词汇移位或词汇合并、文本切分成分翻译、译语语篇组织。

洛舍深受乔姆斯基的影响，把构成翻译策略的要素组合成三类结构模式：基本结构、扩展结构和复杂结构。他认为扩展结构和复杂结构都是由基本结构转换而来。扩展结构就是在基本结构上增加一个或一个以上的策略。复杂结构由几个基本结构和扩展结构组成。

2.翻译单位

对于翻译单位的讨论，长期以来都是建立在语言学理论基础之上的，如把它定义为"源语向译语转码过程中的语言层面"。

苏联语言学派翻译理论家巴尔胡达罗夫（Barkhudarov）将翻译单位定义为"在目的语中有对等语的最小的源语单位"，但认为翻译中音素、词素、词、短语、句子和整个语篇都可能成为翻译单位，过大的单位导致意译，过小的单位导致直译。与语言学途径研究不同的是，翻译认知研究者从记忆加工过程中的取向来对翻译单位进行研究。

有的学者认为翻译单位就是注意力单位，"注意力单位"是指译者的无标记处理活动因注意力转移而中断的那部分语段。无标记处理是指译者在 TAPS 实验中流畅地说出大脑思考的内容的活动。与此相反的是"有标记处理"，是指译者从发现问题到解决问题整个过程中的大脑思维活动。翻译单位可大可小，并不局限于词、短语、句子、句群或语篇，同时翻译单位因人而异。

第三节　翻译心理学的未来发展

翻译心理学试图通过借助应用心理学的部分科学原理来解释无法定量也无法准确定性的语言交流行为，阐释人类缥缈无形的与语言相关的智慧活动，以架构一个相对科学的翻译学分支，促进我国翻译学的理论与实践研究。

从英国哲学家约翰·洛克（John Locke）在其著述《人类理解论》里对人类的心理活动研究开始，到戴维·休姆（David Hume）在《人类理解研究》中所研究的"思想"或"观念"，到构造主义心理学奠基人冯特（Wundt）的"个体意识"不足以展现人类思想发展的历史，因为它是以早期历史为条件，无法单独地提供任何知识，到美国心理学家威廉·詹姆斯（William James）的《心理学原理》对心理学的功能主义关注，到荣格的"集体无意识"的创见，还有那些行为主义派的积极实践、格式塔的完形和场平衡概念，永远为与心理学相关的学科提供不可或缺的理论源泉、科学方法和开拓进取的勇气。

人类学家、文化心理学家为广义或狭义地解读人自身的"意义"正在做出不懈的努力。随着科学技术的进步，人类对思维活动的进一步探索必将支撑翻译心理学研究的最根本基点。而随着翻译研究者们将应用心理学的新理论运用于翻译学更广维度、更多视角的研究，翻译心理学及其实证的研究上将有更加丰富的理论和实践成果。

一、翻译心理学未来的研究思路

翻译心理学旨在以社会心理学、文化心理学等学科原理对数千年来的翻译现象、翻译活动进行宏观的观照，以总结特定时期某种文化心理建构的特征和翻译，在这一过程中的作用，以及根据普通心理学、认知心理学、文艺心理学的原则对翻译行为、翻译过程进行微观的研究，以探寻译者在翻译过程中的心理活动特性。

具体的翻译行为和翻译过程是个人性、个体性的，但也受社会性、群体性的制约；而翻译现象和翻译原理是广义的，却是诸多个体行为的总结，不免蕴含个人的特质，所以只有从宏观和微观的视角对翻译现象进行探讨才可能是完整的。

翻译心理学的研究思路将以应用心理学的各种理论为依托，

提出翻译学的新认识、新观点,以求作为一门交叉学科,翻译心理学能更好地从更深的层次、更广的范围对翻译现象进行剖析,也更能发掘出翻译学的本质和发展规律。

二、翻译心理学未来的研究任务

(一)研究翻译思维

1.思维的普遍性

语言符号的任意性和约定俗成性虽然使不同民族的人们在运用各自的语言交流思想时遇到了障碍,但是人类所面对的是同一个客观世界,人脑共同的物质构造使得思维——这一人脑的机能具备普遍性,因此各民族虽然处于不同的时间和空间,但是对客观事物本质性认识的思维活动是一致的。正是这种思维普遍性成为语言转化的客观条件。

翻译思维是人类诸多思维种类中的一种,借助人类普遍的思维机制来研究翻译思维及语言符号的转换机制不仅具有客观的基础,而且这种普遍的翻译思维作为翻译中语言转换的深层基础,对其进行研究也将有助于翻译语言层面的转换。因此,虽然翻译思维的研究由于心理学、神经学、认知学、思维科学等相关科学的局限而起步较晚且困难重重,但其可行性还是显而易见的。

2.思维是翻译过程的本质

在翻译学基础理论的研究范畴中,学者普遍关注翻译的本质过程。翻译不仅是呈现在人们面前的作品,更有一个复杂的翻译过程。苏联翻译理论家巴尔胡达罗夫在《语言与翻译》一书中指出,翻译一词用于从一种语言翻译成另一种语言时有两层意思:一是指一定过程的结果,即译文本身;二是指翻译过程本身,即翻译这一动词表示的行为，而这一行为的结果则是上面说过的译文。①

那么，翻译的过程是什么呢？从表面上看，翻译始于一种语言，终于另一种语言，似乎只是一个语言之间的转换。然而，深究这种转换的实质，发现任何语言转换都是在译者的大脑指挥下发生的。从个体来看，译者的知识结构、思维方式以及翻译态度直接作用于翻译结果，产生出不同风格的作品；而从整体来看，不论是什么样的翻译，都需要经过译者的思维才能实现语言的转换，并且由于人脑的共同物质基础，这种思维在很大程度上具有共性，因此翻译活动的过程是一种思维过程，并且是一种有别于任何其他语言活动的思维过程。翻译过程，无论是语言学意义上的语际转换过程，还是跨文化交际学的文化心理的转换过程，其核心和本质都是译者的思维过程。

3.翻译思维在研究中的重要地位

在学者们构建的翻译学理论框架中，无一不把翻译思维放在了重要的地位，认为它是翻译活动中起本质和基础作用的东西。刘宓庆（1999）将翻译思维列在翻译的基本理论中；彭卓吾（2000）则把译者的思维机制问题放在了基础翻译学的范畴，并给予高度重视；董史良（1988）在《翻译的思维问题》一文中指出，"翻译毕竟是人脑的思维活动，离开了人的思维，就无所谓翻译。因此，从思维科学角度来研究翻译应该是翻译研究的一个极为重要的、基本的途径。"而许钧将翻译划分为三个层次，其中翻译活动的基础层次便是人类的思维，他认为"从本质上说，翻译活动是一项特殊的思维活动。"

的确，在翻译的过程中起着本质作用的正是译者的思维机制。人的大脑如何将一种语言符号转化为另一种语言符号，这个看似浅显得近乎常识，却又深奥得不可捉摸的问题已经成为建立

---

① ［苏联］巴尔胡达罗夫著，蔡毅等编译.语言与翻译［M］.北京：中国对外翻译出版公司,1985:1.

翻译学所必不可少的一项研究内容。

4.语言符号对翻译思维研究的作用

人类的思维过程实际上就是语言和思维之间的相互转化,即人脑中语言符号编译机制发生作用的过程。语言符号是人类多元符号系统中最常见、最复杂的一种,包括音素、音节、词素、词、短语、分句、句子乃至语篇。在对翻译思维的研究中,它起到两个作用。

首先,语言符号是翻译思维的材料和工具。思维的进行依赖于包括语言符号在内的各种符号,进行中的思维活动,无非是语言、符号的操作活动,从思维的前提得出思维的结论,在现实性上就是进行一种符号的组合、转换、再生等的过程。翻译思维也是一样,当语言符号通过视神经、听神经或触觉神经被传送到我们的大脑后,大脑的某些部位就要对其进行处理和转换,把它们转变成大脑思维加工可以运用的材料。人们借助于这种语言符号编码的活动手段,进行语言和思维的转换。只不过,翻译思维比起其他思维更加特别、复杂,因为从源语的创作开始到译语的完全表达这一过程中,翻译思维经历了两次或更多次的符号转换:一是把源语的语言符号送入大脑进行编码加工,二是再将思维加工的结果转换成译语的语言符号形式输出大脑。如果源语的文本也是经过翻译而来,那么这个完整的从原始文本到最后译语文本的翻译过程则要经历多次的思维和语言符号的转换。

其次,语言符号的转换过程也是翻译思维——这个内部活动的外在表现和具体化,二者是个体和整体、具体和抽象的关系。翻译作为语际转换的过程,涉及的是语言问题,语言符号在其中扮演着活跃的角色。语言是思维的外壳,英汉双语语言符号的转换过程就是翻译思维的外壳,处处体现着英汉互译中翻译的思维活动。

5.翻译思维研究的成果

思维科学无疑是一门新兴的科学,在我国只有短短三四十年的历史；如果把 20 世纪 50 年代从美国首先兴起的认知科学也算作思维科学，也才只有 60 多年的历史。同时，思维和语言的关系问题至今没有定论，这决定了对翻译思维进行科学的研究，其起步较迟。虽然人们对于翻译思维的重要性早有认识，但是由于受制于相关科学的发展，同时人类对自身大脑的认识本来就是一个困难的任务，因此对翻译过程中译者思维规律的探索仍然是一个难题。

总体来看，目前我国对翻译思维的研究主要有以下成果：一是将翻译思维纳入翻译学理论框架并确立了其在翻译学研究中的基础和本质地位；二是认识到翻译思维研究实际上是一门跨学科的研究，需要借助其他学科，尤其是国外的认知科学及国内的思维科学的研究成果；三是确定了翻译是信息转换的过程，而大脑是对信息进行加工处理的器官；四是总结出了翻译中的三种思维方法，即抽象思维、形象思维和灵感思维。

6.翻译思维研究的进步空间

对翻译思维以及语言符号转换的研究刚刚起步，还有许多有待深入探讨的问题。

首先，在翻译思维方面必须更加深入、细致地挖掘翻译思维过程的内在机制，并提出一套翻译思维过程模式和翻译的思维方法，同时，具体运用英汉双语语言符号的转换来论证翻译思维机制的作用过程。

其次，在语言符号转换过程方面，作者试图将符号学的理论与翻译转换有机结合，从符号学三种关系——语义、句法和语用的角度，分别对字、词、句等转换层面进行具体分析，并从符号学视角提出了英汉双语语言符号的四种基本转换模式。

(二)读者集体心理与翻译活动的关系

进入 20 世纪 80 年代，翻译研究朝着跨学科的方向发展。翻译理论研究者更多地从解释学、人类学、社会学、心理学等学科借鉴新的研究方法,从而开拓新的思路。同时,新兴的翻译研究功能学派、文化学派等日益重视读者在翻译研究中扮演的重要角色。

尽管国内外翻译理论家已经开始关注翻译研究与心理学的结合,也将读者的重要性纳入翻译研究中,但对译作读者心理与翻译活动的相互作用问题的研究还没有形成体系。翻译与心理学的结合多从译者的角度着手,为数不多的探讨翻译与读者心理的论述也多从微观着手,难以体现古往今来翻译对大众读者心理的建构作用及大众读者心理对翻译活动的反馈作用。

1.探讨读者集体意识和翻译关系的意义

翻译活动不仅是不同语言之间交流的媒介,也是建构不同文化的媒介。或者说,翻译对读者大众文化心理的建构起着十分重要的作用,同时,读者大众的心理,作为文化的体现,在一定程度上促进翻译活动。纵观历史,重要的文化发展与变革都与大规模的翻译活动息息相关。从宏观的角度探讨翻译与读者大众的心理具有非常重要的意义。

首先,以文化心理学和文艺心理学理论来讨论翻译活动拓宽了翻译研究领域,引入了新的翻译研究方法。

其次,从宏观历史的角度梳理翻译活动避免了从微观角度论述的片面性和狭隘性。

最后,研究翻译活动与大众读者心理的相互作用有着深刻的现实意义,即译者可据此来有效选择恰当的源语文本进行翻译以满足大众读者的心理需求,大众读者也能及时欣赏到自己渴求的翻译作品,进而使其文化心理得以提升。

2.文化和心理的联系

作为应用心理学的重要分支,文化心理学认为文化与心理密不可分,文化和心理具有互构互促的特征。文化心理学具有交叉学科的性质,在研究过程中通常涉及心理学、语言学、哲学和人类学等。文化心理学也从符号与心理的关系角度研究文化符号在心理形成与发展中的作用，而人的心理和行为是在掌握人类所积淀下来的文化符号过程中形成和发展的。心理如何影响文化，同时文化如何塑造心理，是文化心理学研究的主要问题。

荣格提出的集体无意识理论可用于分析翻译文学作品读者的集体意识。所谓集体无意识，是指"收集和整理个人经历，其方式与该种群中每位成员的收集整理方式相一致"。荣格认为，"集体无意识由先在结构，即原型构成，它不直接体现于意识当中，而为某种心理内容划定范围。"①换言之，集体无意识是杂乱的，不成体系的，间接体现在意识当中。根据荣格的理论，集体无意识是人类心理的一部分，它可以依据下述事实而同个体无意识作否定性的区别：它不像个体无意识那样依赖个体经验而存在，因而不是一种个人的心理财富。

个体无意识主要由那些曾经被意识到但又因遗忘或压抑而从意识中消失的内容所构成，而集体无意识的内容却从不在意识中，因此从来不曾为单个人所独有，它的存在毫无例外地要经过遗传。个体无意识的绝大部分由"情结"所组成，而集体无意识主要由"原型"所组成。集体无意识往往有着现实的表现形式——集体意识，是其对某一类行为的认同接受和行为是经过长期潜移默化的结果，往往表现为自然而然地遵从和无条件地接受。

集体无意识直接指向成员对集体的认同态度。对集体的认同来自远古时代人类集体生活的经验，远古恶劣的自然环境迫使人类必须集体生活和行动，离开集体意味着个体的灭亡。集体无意识可以说是人类与生俱来的文化本能，也是我们对翻译作品读者的集体认知体系研究的出发点之一。

（三）翻译实证类型研究

实证类型研究是翻译心理学的一个重要研究方向。由于对

---

① 陈浩东等.翻译心理学[M].北京：北京大学出版社，2013：24.

翻译文本的功能、作用、目的的要求不同，翻译实证呈现各种各样的类别、形态和文体，而每一种类型都会受一种或多种应用功能心理学的影响和作用而具有共性特征。依据应用心理学原理对这些共性特征进行分析、梳理、判断、总结，将使得对翻译的研究科学准确。

误译现象也可以当作一种翻译实证类型从普通心理学、文化心理学的视角进行观照研究，从而期待得出令人信服的结论。因为处于不同文化背景和不同时代下的译者和读者是不可能以完全相同的心态和文学形式传递并接受产生于不同文化背景文化传统以及时代下的文学作品的。将译文中任何改动创作视为错译、误译，然后再将这些错误归结为对原文的理解问题，或是译者的语言修养问题。

当然，很多误译的情况的确是由于这些原因造成的，而很少考虑到是否所有的错误都是由于以上原因造成的，还是由于译者出于某种原因采用了特殊的翻译策略，从而无意或故意犯下的错误。尽管人们都认为翻译应该尽可能准确、忠实地传达原文，但误译的情况仍然比比皆是。这是因为不同语言文字所属文化的传统悠久，同时富于变化，所以非同种文化中的读者很难把握存在于另外一种文化中的每个字词蕴含的深厚文化传统和反映的文化心理，所以除了某些译者不负责任的滥译、错译外，误译本身是极具研究意义的。因为它往往生动地表现了不同文化之间的碰撞和摩擦，反映交流中的文化预设和误读。

从译入语文化心理的角度来研究误译，从而探讨造成误译的深层文化心理原因，并且更好地理解中英文化心理的巨大差异，以及这种差异对翻译活动的影响是非常必要的。由于人类生活中所面对的自然因素的相同性和相似性，不同文化背景下的人也会有一些相同的或相似的文化心理感受，文化心理因素的差异会引起误译。

总之，翻译心理学是一门新兴的交叉学科，国内外对翻译的心理研究还没有全面系统地阐述，对译者的再创造过程中的心理还没有形成体系，对译者的个性气质与翻译的关系还有待进一步探究。加强翻译学与心理学学科间的交流与合作，加强实证性研究，以史为鉴，对历史进行批判的继承与发展，一定会带动翻译心理学研究的蓬勃发展及翻译事业的繁荣。

第二章 翻译心理学研究的文化基础

从文化心理学的角度上来讲,文化总是竭尽所能地形成一个完整的形态,但事实上,每种文化都存在着形态上的缺陷。本土社会文化心理对引进某一异域文化的需求,促使了翻译学科的诞生,进而促进翻译学的繁荣发展。这种需求的程度与翻译的旺盛程度呈正相关。并且翻译活动与社会文化心理是相互作用的。翻译活动数量的多少,对社会文化心理的影响程度是不同的。翻译活动越多,越容易影响社会文化心理;反之亦然。

第一节 中国社会文化的研究

经过了漫长的近 1 500 年,从夏商的原始自然崇拜到晚周时期儒道社会伦理和人生价值体系的建立,中华文化心理的建构过程结束了。在汉代近 400 年完善发展之后,成熟稳定的"汉"文化心理得以形成,它以中原农耕文化为核心,以君臣父子为纲常,以忠孝仁、义、礼、智、信为价值观,以自然和谐为追求。这是一个群体文化心理结构,它对人生的社会意义做了解释,而失去对人精神的最好引领。

一、中国古代社会文化研究

在古代,中国文化呈现多元化趋势始于春秋战国时期。当时的代表学派如儒家、道家、法家、墨家、杂家等各自提出了不同的看法与观点，他们都代表了不同阶级的利益，由此形成了百家争鸣的良好局面。

古代中国完整、成熟的文化心理是从汉代开始的。在这个阶段，古代中国社会的发展主要是以农耕文化为主，同时以君臣、父子为纲常，价值观为忠孝仁义礼智信，心理结构主要体现在对自然和谐的群体文化的追求。但是，中国社会文化中的这种群文化心理结构却没能限制个人的政治野心与对权力的欲望，因此当欲望与文化建构发生冲突时，原有的秩序被打破，最终导致东汉帝国灭亡的巨大动乱。

在汉代，统治者提倡"罢黜百家，独尊儒术"，在此影响下，儒学占据了不可动摇的核心地位。在南宋，程朱理学的提出进一步将儒家思想教条化、正统化，最终成为中国封建社会发展历史中的主流文化，对华夏民族传统体育文化的形成与发展起到了不容忽视的重大影响。话虽如此，但其他几种文化与儒家之间的斗争一直不断，这在体育文化领域同样如此。

公元前 136 年，汉武帝刘彻采纳了董仲舒提出的"罢黜百家，独尊儒术"的建议；公元前 124 年，汉朝设立太学，通过经学选拔人才，在任命官员中排除武艺方面的人才，由此导致全国的体育运动教育一蹶不振，重文轻武的风气开始大肆盛行，这些方面的改变严重影响了人们对体育运动的热衷与喜好。

汉代的这种群文化心理发生变化还因为其只对社会意义进行了阐释，而没能对人生的社会意义进行解释，从而不能给人最好的精神引导。这种不全面性导致社会动荡。

文化心理学认为，"文化总是努力成为一个完整的形态，拥有完整的结构，然而，仔细推敲，每种文化都存在着结构上的不完整。"①由于西汉末期时局动荡，因此中央政府失去了对社会全局的掌控能力，社会制度开始崩溃甚至垮台，儒学开始没落。随着社会危机的加剧，儒家思想也出现了伪善的一面。学者芮沃寿

---

① 转引自陈浩东等.翻译心理学[M].北京：北京大学出版社，2013：108.

(2009)指出,"一个根基已经动摇、撕裂的社会,成为异域的思想和制度得以植入的极有希望的温床。"①

两汉之后,受儒家"礼乐观"的严重影响,社会上呈现出"重功利、轻嬉戏"的文化思想倾向,不过后来在魏晋时期所出现的玄学对这一儒家思想进行了严重的抨击。玄学宣扬"人生在世、及时行乐"的文化思想,这一学派"独尚自然,反对名教",在实际生活中往往寄情于山水,骑马射箭、弹琴奏乐,追求享乐,这对后来的唐代社会产生了很大影响。

在唐代,士大夫阶层十分崇尚诗赋技艺;军队中比较受欢迎的体育活动是拔河、扛铁、角抵等;在官员阶层,人们喜欢拔河运动等;公元702年,武则天开设"武科举",自此开设将领的选拔被纳入科举体系中。

理学在两宋时期尤为盛行,成为占统治地位的思想文化。周敦颐是理学的创始人,他融合了《老子》的"无极",《周易》的"太极",《中庸》的"诚"以及阴阳五行等学说,解说了宇宙万物的生成变化的规律,阐释了封建的人伦道德,表述了"格物致知"的认识规律,提出了"修身、齐家、治国、平天下"的仕途范式。

明清时期,封建统治阶级在思想文化方面实行高压政策,统治者大兴文字狱,推行文化专制主义。以至到了康熙之后,整个思想界出现了思想麻木的局面。程朱理学在明清两代的思想文化中占据统治地位。此外,明清小说也把现实主义文学推向了高峰。

二、中国近现代社会文化研究

鸦片战争开始到中华人民共和国成立这段时间是我国翻译发展的热潮时期。翻译活动的发展和当时的社会文化心理状况有着重要的联系。一方面在西方列强的欺凌下,中国人民意识到

---

① 芮沃寿著,常蕾译.中国历史中的佛教[M].北京:北京大学出版社,2009:1.

重新建构新的文化的必要性与迫切性，另一方面翻译成为"师夷长技以制夷"的重要手段。因此，翻译成为引导大众社会文化心理重构的重要手段。下面就对中国近现代时期的社会文化心理状态进行分析。

(一)19世纪初中国的文化状况

社会心理学认为，社会文化心理对人格有着重要的塑造功能，能够使社会成员的人格向着相似的方向发展。因此，在同一种社会文化中生活的人们会具有一些共同的性格特征。具体来说，19世纪初国人的社会文化心理特征主要表现在以下两个方面。

1)本族中心主义模式，认为中国地大物博，在政治、文化等方面都十分优秀。

2)由于长期历史文化的积淀，因此国人带有安分守己、论资排辈、乐天知命的文化心理，带有因循守旧性，阻碍着中国文化的发展。

这个阶段中国封建文化已经处于没落阶段，因此大众的社会文化心理也在不断变化。

(二)西方的扩张对中国文化的冲击

随着西方的扩张，国人的心理文化在复杂的社会中开始不断变化。鸦片战争使得国人意识到了改变的重要性，这种冲击使得人们从封建文化思想中挣脱出来，有志之士开始进行变革。八国联军的侵华打破了国人的心理防线，从而激发了人们的情绪。但是洋务运动、戊戌变法、辛亥革命的失败使人们意识到，只有改变国人心理，才能够建构新的社会，因此"五四"新文化运动应运而生。

(三)现代文化引介与中国新文化心理的建构

在失败的刺激下，中国人开始积极寻求失败的原因并找寻新的突破口。人们意识到封建腐朽的文化成为落后就要挨打的主要原因,在批判旧文化的过程中,人们开始积极寻求变革,进行新文化的建构。这种新文化建构的重要表现就是对西方文化著作的译介。通过翻译的引导,民众开始形成一定的集体意识,从而促进中国文化的发展。

20世纪初,留日学生的"译书热"为中国大众带来丰富的精神食粮,新文化运动的兴起冲击着中国传统文化,改变着社会精神面貌。总而言之,新思想的引入是通过翻译的媒介作用实现的。具体表现在以下五个方面。

1. 引入民主平等自由理念

近代中国人为了振兴中华民族,努力向西方的民主、平等、自由等观念学习,从而加速了我国民主精神的发展,促进新的社会文化心理的形成。

2. 引入科学精神与科学手段

科学精神与科学手段在翻译的作用下被引进,从而开始打开了我国传播科学、变革思想的大门,人们开始认识到实学的重要性,涌现了学习西方的势头。

3. 引入个体价值文学

随着文学翻译的发展,个体价值文学也逐渐在中国出现,人们通过这些译作了解到外国文学作品,同时也拓展了自身的知识视野,最终有利于新文化心理建构的发展。

4. 新文化心理与传统意识形态的融合

新文化建构需要经历长期的过程,不需要与传统文化相融合,同时还需要在融合的基础上使大众接受新的文化形式。当新文化最终成为集体文化的一部分时,新的文化心理才算是建构完成。

5. 共产主义意识形态的建立

俄国十月革命以后,马克思主义和列宁主义为国人所熟知。

传播共产主义意识形态在中国文化思想界异常火热。很多共产主义革命知识分子开始通过翻译经典著作向国内传播共产主义意识,从而形成重要的思想潮流。马克思在中国的传播是民众的选择,对民众社会文化心理的建构有着重要的影响。

三、中国当代社会文化研究

随着中华人民共和国的成立,共产主义成为党和国家的统治纲领与指导方针。随着中华人民共和国发展,人们的思想意识向着更加多元的角度发展,文化心理结构发生着深刻的变革。翻译活动在这种巨变中扮演着重要角色。文化心理学认为,统一文化中的人们在相同经验的作用下,能够产生相似的思维方式。译者通过翻译译语文化,能够建构文化形式,从而被本土文化所肯定,最终完成了对大众文化心理的建构。由于当代翻译活动的发展,大众的政治意识与文化多样的需求被唤醒,因此大众集体意识发生了转变。

(一)翻译活动与读者大众心理需求总趋势

美国著名的人本主义心理学家马斯洛将人的需求分为七个等级。这七个等级从低到高分别是生理需求、安全需求、归属与爱的需求、自尊需求、认知需求、审美需求、自我实现需求。

在这七个等级中,认知需求是指人类对外在与内在世界的需要。马斯洛认为,学习、发现、探索新事物和未知世界是人类的基本特点。翻译活动的出现为大众提供了了解外在世界、扩大心理生活的条件。

在社会知识和读者接受心理的作用下,二者不断进行更新与再生产。下面以 1955—2005 年各类翻译出版物总趋势为例进行说明,如图 2-1 所示。

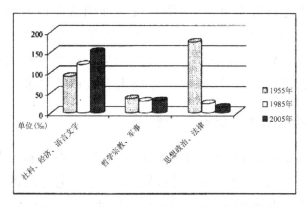

图 2-1 1955—2005 年各类翻译出版物总趋势

（资料来源：陈浩东等，2013）

人的活动是自身内在需求的反映，这种需求是人活动的内在驱动力。大众的审美需求便是文艺活动的第一推动力。读者是文艺生产与消费过程的重要环节，对文艺作品的产生发挥着重要的影响作用。

自中华人民共和国成立以来，我国发生着巨大的变化，不同的文化理念、社会思潮相互碰撞。

1）20 世纪 50 年代马克思列宁主义著作、共产主义意识文学作品的引介出版。

2）20 世纪 90 年代以后由于社会主义市场经济体制的采纳而出现的实用主义或功利主义翻译热潮。

这些翻译活动的出现都是大众心理的反映。下面通过表 2-1 对中华人民共和国成立后翻译出版书目种类的变化进行总结，以此来说明当代翻译活动与读者大众心理需求的关系。

表 2-1 1955 年、1985 年、2005 年各类翻译出版物占同年图书出版总数的比例

科目 ＼ 年份	1955	1985	2005
社科、经济、语言文字	90.2	119.5	152.4
哲学、宗教、军事	35.2	29	30.3
思想政治、法律	175.4	23.2	14

（资料来源：陈浩东等，2013）

对上表进行分析可知,中华人民共和国成立以后的 60 年里,社科类、经济类、语言文字类的翻译出版呈现出增加的趋势。思想政治类、法律类翻译呈现出下滑的趋势。这种变化说明在新时期大众思想意识的解放,同时也体现出大众精神追求的提升。

(二)共产主义意识形态的确立

意识形态对翻译的选材、目的、策略都有着直接的影响。翻译不仅是语言文字之间的转换,同时还是文化之间的沟通与交流。中华人民共和国的成立,标志着新的系统的建立,马列主义成为新系统中的统治意识形态。在这个阶段,建构大众的共产主义意识成为翻译的重要动机。在这个阶段,读者的趣味与变化都是由社会意识形态所规定与表达的,因此大众心理的变化就是社会意识形态的需要。一般来说,社会意识形态是统治阶级意识形态的反映。因此可以说,中华人民共和国成立后 30 年的翻译活动主要是为了建构共产主义意识。

1.共产主义理论与无产阶级文学的翻译

我国在中华人民共和国成立之初便开始有计划、有组织地进行马列主义著作的翻译活动,从而极大地推动着我国共产主义意识形态的建设,也丰富着人们的精神文化需求。具体来说,无产阶级文学的翻译在这个时期主要力求忠实原文,并能够为广大读者所接受。意识形态对文学翻译的影响是十分巨大的。中华人民共和国成立之后,我国十分重视对无产阶级文学、第三世界、东欧国家作品的翻译,成为我国进行共产主义教育的有力武器。人们在文学作品的正面影响下,又创造出了伟大的精神价值。

2.共产主义意识形态输出与翻译活动

中华人民共和国成立之后,我国也进行着大量毛泽东著作的翻译活动,从而向外输出我国的共产主义意识形态。社会整体意识形态的灌输,是特定发展阶段社会整体发展的要求。中华人民共和国成立之初的 30 年中,翻译活动主要是为了权力的意志服务,并不是为了迎合整个社会与人们的精神需求。

(三)翻译为改革开放服务

20 世纪 80 年代以来,随着改革开放的深入,我国人民的思想意识不断得到解放。因此,新时期 30 年的翻译目的主要是为了解放人们的思想,从而更好地跟上时代发展的步伐。

1.西方文学的翻译

随着改革开放的深入发展,我国人民开始摆脱了政治上的束缚,出现了多样的精神需求。传统的价值体系难以满足人们的精神需求,因此翻译活动成为人们文化需求的重要媒介。

20 世纪 80 年代,我国的文艺翻译活动呈现出开放性、多元性的发展,形成各具特色的文化思潮。这种思潮的涌现既有对异域文化的吸收,也有对本土传统文化的革新,从而提高了国人的创新意识。

文学艺术活动对人们的社会生活有着重要的影响。改革开放以来,我国人民开始展开对社会生活的反省,一些体现人道主义精神的西方古典名著得到了人们的喜爱。

文学翻译对中国社会现代价值观的形成与确立有直接的影响。这个时期,社会大众急于摆脱政治的束缚,进行个人的审美活动。西方现代作品符合人们的心理需求,在这个时期得到了快速发展。文艺作品的翻译是为了满足读者的欣赏需求。

2.翻译功利性渐显

读者对翻译活动有着重要的影响,同时也在一定程度上是形成历史的重要力量。读者是社会文化心理的积极建构着,他们促进着语言的发展与革新。随着改革开放的不断推进,我国各行各业都得到了快速发展,人们开始追求经济效益。20 世纪 90 年代,大众的审美接受注意力逐渐由文学等欣赏性作品转向功利性读物。①

受社会需求的影响，金融、理财等经济类图书的翻译活动增多。到了21世纪，国人对经济的追求更加猛烈。现如今，我国人民的生活水平和生活质量普遍提高，因此大众的阅读又向着成功学、养生学等方向发展，翻译作品的享乐性、娱乐性提高。

(四)21世纪翻译活动的主动性

21世纪以来，翻译活动在理论上和实践上都得到了人们的高度重视。这一点体现出翻译活动对社会发展的重要作用，同时也体现出现代人的功利思想。具体来说，21世纪翻译活动的主观能动性与目的性表现在以两个方面。

1)大量引入翻译理论与研究。

2)实用与功利翻译活动增加。

从整体来说，21世纪的翻译活动无论在主观能动性方面还是在目的性方面都有所提高，读者的心理与精神需求和翻译活动的联系更加密切。

第二节　西方社会文化

西方既是一个地理概念，又是一个文化概念。西方文化是世界文化的重要组成部分，它来源于古希腊罗马文化和古希伯来文化。欧洲作为西方一个古老又新兴的大陆，聚集了众多民族，形成一个由不同亚文化特质所构成的坚实的文化内核。欧罗巴文化在不断吸收和发展中，创造了旺盛而又充满魅力的先进文化，成为西方文化的代表。西方文化从古希腊罗马文化，到中世纪基督教文化，再到近代文化，经历了三个发展阶段。这里仅介绍其

---

① 陈浩东等.翻译心理学[M].北京:北京大学出版社,2013:157.

中两个阶段。

一、古希腊罗马文化

西方文化发源于古希腊,兴起于古罗马,古罗马文化是古希腊文化的发展,在西方文化发展史上起着承上启下的作用。欧罗巴有文字记录的文学翻译活动始自于公元前 3 世纪安德罗尼柯在罗马用拉丁语翻译的希腊荷马史诗《奥德赛》。在这个时期很多文学家都用拉丁语翻译或者改编古希腊荷马史诗或戏剧作品,从而诞生了古罗马文学,对于继承古希腊文学起到承上启下的作用,对于西方文学的品格也有重要影响。古希腊罗马神话是欧洲文学品格的重要支柱,同时也是欧罗巴文化心理的最早原始建构之一。荷马史诗是欧洲文化品格建成的必要因素。

(一)古希腊文化

欧罗巴文化的自然童真时期是指文明、文化在发育的早期最自然、最本真却又不失天然之美的形态。欧罗巴文明的孩童期主要发源于爱琴海地区的古希腊文明中,这个区域孕育了灿烂的克里特文明和迈锡尼文明。古希腊文明的兴盛时期的标志为第一次奥林匹克运动会的召开。在人口增长的带动下,古希腊人开始向外殖民,其天然的聪明才智在文学、戏剧、建筑、哲学等方面都有所体现。

1.民主政治推动了古希腊文化的发展

民主政治理念发源于古希腊的民主时代(公元前 6 世纪到公元前 4 世纪)。在这个时期,城邦高度发展,工商业日益发达,在政治上建立了奴隶主民主制,国家的最高权力机关为全体公民大会。古希腊民主制度是人类文明的宝贵财富。从某种意义上来说,民主政治对古希腊文化的发展和繁荣起到决定性作用。这主要有以下四种原因。

（1）创造了自由的环境

民主政治给当时的雅典创造了一个比较自由、开放的政治环境，它尊重公民的独立人格、个性和思想，提倡学术民主，这为从事精神生产创造了良好的条件，而文化是属于精神领域的东西，因此也为文化的发展提供了一个广阔的天地。

文化具有个人独立创造的特点，它不可能按照固定的规程去生产。思想的自由是文化兴旺发达的前提，因此就必须要有一个使人们能够充分发挥自由创造精神的环境。在雅典，公民在法律面前是平等的，只要不触犯奴隶主国家的根本利益，就有充分言论自由的权利，并且不会因为言论和行动的过错而获罪。这种比较自由的状况，对精神生产具有重要的意义。雅典民主政治将人放在第一位，认为其他一切都是人创造的。这种对公民人格的尊重，使生活在雅典的戏剧家、艺术家、哲学家等文化活动者的聪明才智得到了正常的发挥。

（2）提供了物质保证

民主政治在雅典确立以后，文化生活成为雅典公民政治生活中一个不可缺少的部分，文化生活与政治生活的关系更加密切了。公民在戏剧、艺术、哲学、竞技等各种文化活动中，就相当于接受民主思想和社会道德的教育。这些活动多是在祭典和节日中以集体的方式进行。雅典政府非常重视文化活动的组织，雅典政府和整个社会都大大鼓励文化艺术的创造性劳动和自由竞争。城邦还将巨额资金投资在文化事业上，一方面体现在修建剧场、音乐厅、竞技场以及雕塑建筑等规模宏大的公共文化工程，如一个雅典娜神庙就花费雅典城邦整整七个全年的预算；另一方面也体现在为了鼓励更多的人观看戏剧表演，雅典政府还向公民发放了专门的"观剧津贴"。一个小国寡民的城邦能用如此巨大的费用投入文化事业，这在世界古代历史上是不多见的。

（3）拥有较高文化素养的执政者

雅典民主政治时代的重要执政者都具有较高的文化素养，重视知识和人才，积极发展文化事业。这些执政者有的擅长诗歌，有的擅长演讲,有的精通哲理。例如,开创了雅典民主政治时代的梭伦就是一位著名诗人,被誉为希腊"七贤"之一;伯里克利不但有深厚的音乐、文学和哲学修养,而且有高超的雄辩术。

(4)实施了对外开放政策

雅典民主政治时代实行的对外开放政策,开阔了雅典人的视野,使雅典人能从一个小城邦放眼于更广阔的天地,有利于吸收外部世界的先进文化成果。

民主政治的发展,使得文化活动具有广泛的群众基础,雅典的文化主要是为公民阶级服务的文化。希腊文化走向了现实主义的道路,并且具有较多的民主色彩。希腊的许多作品,大多反映城邦的政治理想和公民的生活。公民为了促进经济繁荣、社会发展而努力学习,有着强烈的求知欲和追求真理的愿望。因此,希腊人提出了关于世界本原的各种见解,不断探索世界的奥秘。希腊文化倡导个人利益与城邦利益的结合,对人们进行着民族情感的培养。在民主政治下,每个公民都是国家的主人,发表政见或参与政事。人民是艺术的真正主人,他们用自己的思想、情绪和眼光去评判作品。

2.古希腊的文化成果

古希腊是西方哲学的故土,当时哲学和其他学科交织在一起,称为"百科全书式科学"。古希腊哲学是在神话思维、原始宗教意识的基础上诞生的,是人类以理性代替幻想、以智慧代替想象、以经验的事实作为探索和解释的基础而产生的。苏格拉底、柏拉图、亚里士多德被称为哲学"三圣"。

从公元前6世纪到公元前4世纪的古希腊城邦,哲学被分为两个阶段:前期称为"自然哲学"时期,讨论了万物的起源或生成问题;后期称为人文哲学时期,从自然哲学转向了人的哲学,主要是对人本身的认识。

(1)自然哲学

在现代西方自然哲学的历史演变过程中,出现了以弗朗西斯·培根为代表的经验型自然哲学、以笛卡尔为代表的理智型自然哲学、以马克思和恩格斯为代表的实践型自然哲学和以石里克等维也纳学派为代表的科学型自然哲学四种基本类型。

西方哲学起始于"对于自然真理的探索",古希腊最早的一批哲学家都是"自然哲学家"。其中的代表之一就是德谟克利特,他不仅研究自然,也开始关注人的活动,认为幸福生活的最高境界是肉体和精神的愉悦,并强调精神比肉体更重要。整个自然哲学学说体系以"实体原理"为核心展开,包括物质本原说、自然类观念、形式论和还原原理。

第一,物质本原说。以泰勒斯为代表的米利都学派最早提出世界物质本原的理论。空气、土、水,经过动植物的身体,复归于空气、土、水,形成一个循环系统。由此提出,水或湿气是万物的本质。"物质本原"的自然哲学思想关键在于把握自然界独立于人的客观性,其核心观念便是"实体"。万物的存在方式便是实体。世界物质本原以存在物存在,而存在的东西就是"实体"。"存在"和"充实着的空间"是同一的东西。

第二,自然类观念。"自然类"是从"类"来把握自然事物。"自然类"学说包括两个重要思想:类和个体以及本质和属性。自然界呈现于感觉经验的是现象和个体,即个别自然物。"自然类"学说则是从个体和类去把握实体。自然类学说的精髓在于从类来把握个体的实体性,进而揭示类之作为个体的本质。

第三,形式论。古希腊自然哲学的"形式论"是柏拉图提出的。实体是对变化之中不变的东西的把握。形式之所以是"实体",是因为它的独立性。"形式"也从类和个体的关系把握实体。形式作为实体是类,它赋予属于类的个体以实体性。

第四,还原原理。原子论是还原原理的哲学来源。物理学和化学以原子论为核心和灵魂并以之相贯通,并且还原按照微观尺度沿着分子、原子、亚原子、基本粒子的梯级不断递进。

(2)人文哲学

苏格拉底是古希腊人文哲学的鼻祖,他从自然哲学研究转向了人事研究,决定到心灵的世界中探究存在的真理。苏格拉底所指的心灵世界的真理兼具自然哲学和文化哲学双重意义,既属于知识范畴又属于价值范畴。在苏格拉底哲学中,求真与求善、知识与道德是一致的,只是知识对于道德具有根源性。他强调人要有自知之明,要自我克制。在论辩法上,他善于通过提问揭露对方的矛盾,把辩论引导到他所要达到的目标,这就是"苏格拉底反诘法"。

柏拉图是苏格拉底的学生,他所创立的"理念论哲学"对西方的思想史和哲学史有着重大影响。他认为,理性世界与感性世界是对立的,感性的具体事物不是真实的存在,在感性世界之外,有一个永恒、独立的真实存在的理念世界,必须通过辩证思维获得理念,将理念逐步上升为绝对理念,这是宇宙的终极目的。"理念论"引导人们不满足于感官的认识而去探究真理的精神,鼓励人们探求宇宙以及人的本身。他还提出了三种美德论,即智慧、勇敢、节制。在艺术方面,他认为艺术家的创作是模仿个别事物的,艺术不可能表现出真正的美,美属于哲学。

亚里士多德是柏拉图的学生,曾否认柏拉图的"理念论",认为离开个别事物的理念根本是不存在的,真正的知识存在于客观事物之中。亚里士多德是自然哲学与经验知识早期结合的代表人物,其代表作对后世影响巨大。例如,《形而上学》《论灵魂》《物理学》《论产生与消灭》《天论》《气象学》《动物的历史》《论动物的结构》等。

他最大的贡献是提出了"二元论"倾向的理论。他认为一切事物都是"质料"和"形式"构成的,两者不可分割,并且因为"形式"使"质料"变为现有的事物,所以"形式"要比"质料"更重要。

(二)古罗马文化

马其顿征服希腊,在一定程度上促进希腊文明向外传播。随着罗马人征服马其顿人,罗马人开始传播希腊文化。虽然希腊在疆域上被吞并,但是从文化的角度来看,古罗马是被古希腊的世界所吞没。经过数百年的发育与发展，希腊文化在政治、哲学、文学、艺术等方面都有所传承与延续。这种文化的延续和古罗马文化的多样性与包容性也有密切的关系。

由于古罗马继承了古希腊传统，同时保持本民族发展的特色，因此古希腊文化才能和古罗马文化一同组成西方文化的古典传统，从而完成了欧罗巴文明的最早建构。

古罗马在政体上实行的是联邦民主制度，从而较早地开创和实践了民主的概念。古罗马共和国是最早尝试实行法治的国家，从而使权力受到了法律的约束，呈现出"法治化"特征。随着古罗马的扩张，利益集团之间的斗争加剧，发生了内部战争。此后，罗马共和制宣告结束，罗马进入了奴隶制帝国时代。这个时期著名的演说家、政治家、哲学家西塞罗（Cicero）对政治、哲学方面的著作进行了大量的翻译，从而为古希腊早期政治理念的传播做出了重大贡献。

二、西方近代文化

文艺复兴运动是一场伟大的思想解放运动，对宗教、文学的发展都有重要的影响，同时也是现代文明和中古文明的分野。在这个时期，人文精神开始彰显、人性开始解放，个性得到张扬，资本主义思想萌芽。文艺复兴运动开启了西方近代社会文化的大门。

文艺复兴标志着理性的回归，是人文主义的开始时期。这个时期重视人的价值，肯定理性的机制，要求人们重新审视现实，张扬人们的天性。在文艺复兴的带动下，宗教神秘主义一统天下的局面被打破，以神学为核心的价值观被否定。在文艺复兴后的数百年间，西欧的翻译活动达到了前所未有的繁荣，出现了很多精美的翻译作品，包括当代重要作品，如政治类、哲学类、文学类、宗教类等。

很多人文主义学者开始周游欧洲，试图恢复希腊罗马重要的著作。可以说,文艺复兴是西欧翻译发展史的重要节点,彰显了民族语言在宗教和文学领域的地位,同时也说明了翻译对于欧洲文化心理形成和发展所起的重要作用。

（一）政治理念的继承、创新

经历了中世纪的黑暗,人们认识到民主法治以及自由的重要性,因此欧罗巴人积极创新,在欧洲大陆上出现了资产阶级的新思想与新理论。在这种思想的带动下,欧洲各国分别建立适合其文化心理特质的政治体制。这个时期出现了很多启蒙思想家,如约翰·洛克、孟德斯鸠、伏尔泰、卢梭等。在思想的带动下,政治体制也发生了变化。英国采用了君主立宪制、德国和意大利为内阁制、法国形成民主共和制和半总统半议会制、美国为联邦制国家。

虽然不同的政治历史与政治现实形成不同的政治体制,但是从根源上来说,这些国家都崇尚民主、自由、法治。欧美的政治文化心理的形成有古希腊罗马和民主法治的内涵,同时也结合了不同国家和民族的社会现状。

（二）翻译传承与文学品格培育

文学作品的基本功能是抒发感情。健康的文化心理是促进文学发展的重要支撑。在文艺复兴的带动下,出现了翻译传承与文学作品的培育。这个时期出现了大批著名的作家,如但丁、弗朗西斯科·彼特拉克、乔托、龙沙和杜贝莱、塞万提斯、莎士比亚等。他们的启蒙著作成为资产阶级与封建阶级斗争的重要武器。不同作家的文学品格得到了培育。

综上所述,民族文化是人们在历史上形成的一个有共同语言、共同地域、共同经济生活以及表现在共同文化上的共同心理素质的稳定共同体。中西方不同的旅游文化也是建立在各自民族基础上的,不同民族之间语言的差异、地域分布的不同以及经济生活方式各异,使得这种差异性由于历史的原因不断地扩大,以至不同民族的人在价值观、社会制度、生活习惯、风俗礼仪和物质文化方面表现出不同的特点。

差异性引起人们的好奇心，同时也驱使人们去探究异族文化的精髓，去感受异族社会那奇特的风俗习惯，去同异族的人们交流，这构成了文化的民族基础。我们的世界是一个多民族的世界，已知的民族有 2 000 多个。民族与民族之间存在着很大的差异性，这突出表现在人种的差异、语言的差异上。

1. 人种的差异

人种被定义成具有共同基因特征的个体所组成的群体。由此可见，人种的划分不是以语言、风俗、国籍为根据，而是以自然体质，即以持有共同的遗传自然基因为根据。最早的人种分类，出现在 3 000 多年前古埃及第十八王朝西普塔一世坟墓的壁画上，它以不同的颜色区分人类，将人类分为以下四种。

埃及人涂以赤色。

亚洲人涂以黄色。

南方尼格罗人涂以黑色。

西方人及北方人涂以白色。

上述分类成为今日将人类分成白种人、黄种人、黑种人和棕种人的起源。近现代对人种的划分起源于欧洲。

1740 年，林尼从生物学的观点出发，根据肤色将人种分为四类：欧洲人（白）、美洲人（红）、亚洲人（黄）、非洲人（黑）。

1775 年，西方人类学鼻祖布尔尼巴哈发表第一篇用综合指标划分人种的著作《人种的种类》，将人种分为以下几类。

高加索人种：皮肤白色，头发栗色，头部几乎成球形，面呈卵形而垂直，鼻狭细，口小，主要分布在欧洲和西亚、北非。

蒙古人种：皮肤黄色，头发黑而直，头部几乎成方形，面部宽平鼻小，颧骨隆起，眼裂狭细，主要分布在除西亚以外的亚洲，但不包括马来人。

非洲人种：皮肤黑色，头发黑而弯曲，头部狭长，颧骨突起，眼球突出,鼻厚大,口唇胀厚,多数人有八字脚,主要分布在除北非以外的非洲。

美洲人种:皮肤铜色,头发黑而直,眼球陷入,鼻高面宽,颧骨凸出,分布在南北美。

马来人种:皮肤黄褐色,头发黑而缩,头部中等狭细,鼻广大,口大,分布在马来半岛和太平洋诸岛。

这一分类对后人影响很大,现代体质人类学的分类多与此相似。由于环境不同,遗传基因的变化,以及它们的共同影响,形成不同的人种,这种差别纯属自然现象,并非社会差别。正是这种差异才使我们的世界丰富多彩,使人们有进行旅游而获得不同体验的机会,旅游在这个意义上有助于实现种族之间的了解、交流和融合。

2.语言的差异

语言是人类社会中客观存在的特有的社会现象,是一种社会群体约定俗成的,通过学习获得的,由词汇、语法构成的符号系统,它是在一定民族或一定地域成员之间表达意思和交流思想的交际工具。语言是文化的重要载体之一,语言的差别是不同民族间最重要的区别之一,它是同一民族保持同一性的重要纽带,同时也是不同文化间交流存在的最大障碍之一。

语言的产生和确立,使得人类群体中的成员可以通过学习掌握这一符号系统,从而达到与别人交流的目的,使得社会分工和协作成为可能,从而促使生产规模不断扩大,生产效率不断提高。

人类语言的产生有各种源头,这与人类的多源头起源是一致的。语言是人类经历了漫长的适应环境、认识自然的结果,体质和发声器官的差异、社会交流方式的不同、思维方式的不同等,都可能导致语言的差异。根据法国科学院推定,世界有语言 2 796 种,国际辅助语言协会估计为 2 500 种。语言学家主要采用类型分类法和谱系分类对世界上的语言进行分类。而在文化学研究中通常采用谱系分类法,即以语言来源的共同性为根据。这种分类方法对于了解语言、民族关系非常重要。

第三章 翻译心理学的思维机制与运行模式

翻译的过程不仅是译者在其大脑中所进行的一种十分复杂的思维过程,同时是语际符号的转换过程。在具体进行翻译时,译者总是有意识或者无意识地运用翻译思维的调节机制,进行相应的信息加工。本章主要围绕翻译心理学的思维机制及其运行模式进行探讨和分析。

第一节 翻译心理学的思维机制

语言与符号是翻译心理学思维机制的要素,由于语言与符号的任意性、理据性以及象似性等特点,使得翻译实践本身在针对这些符号进行处理时,往往涉及对大脑的思维过程以及翻译心理学的思维要素——语言的符号性的掌握。本节对这两大层面进行分析。

一、语言与思维

语言是思维表达的工具和手段,因此语言与大脑思维有着千丝万缕的关系。下面首先分析语言与思维的界定,进而探究二者之间的关系。

(一)语言

人生活在语言的世界里,语言赋予世界以"意义"。人可以通过语言来完成某些行为,而不必事必躬亲。语言存在于人类具体使用语言的过程中,这一过程就表现为交际行为。简言之,语言是伴随具体的交际行为出现在我们面前的,语言是完成某种特定行为的语言,只有意识到这一点,我们才能真正意识到语言自身所具有的价值。借助于语言,人类构建了一个超出其生存环境的符号世界,正是在这个世界中,人类获得了空前的自由,从而不再受制于环境的束缚。

对于语言,不同的学者有不同的观点。

刘易斯(M. M. Lewis)认为,"语言是一种活动方式,也可能是人们最为重要的一种行为方式。"①

惠特尼(W. D. Whitney)认为,"语言是人类独有的,是文化的重要组成部分,是获得的能力。语言与其他表达手段的重要区别就是语言需要交际这一直接动因,交际是语言史上起决定作用的因素。"②

缪勒(F. Max Muller)认为,"动物与人类的最大区别和障碍就在于语言上,人类会说话,而动物至今都没有说过话"。③

王希杰认为,"语言是一种社会现象,其与其他社会现象有着明显的区别。他对语言的认识具体体现在以下方面:语言起着服务于人们交流思想、交际,起着交际工具的作用;同时,语言是一种服务于人们的思维工具。"④

许国璋认为,"语言属于人类特有的一种符号系统。当语言

---

① Lewis,M. M. *Infant Speech:A Study of the Beginnings of Language*[M]. London:Kegan Paul,1936:5.

② Whitney,W. D. Nature and Origin of Language[A]. *The Origin of Language*[C]. Bristol:Thoemmes Press,1875:291.

③ Muller,Friendrich Max. Lectures on the Science of Language[A]. *The Origin of Language*[C]. Bristol:Thoemmes Press,1861:14.

④ 王希杰.语言是什么?[M].上海:上海教育出版社,1983:116-117.

在人与人之间的交往过程中发生作用时，可将语言看成表达人与人相互反应的中介；当语言在人与客观世界的交互中发生作用时，可将语言看作人类认知客观事物的工具；当语言对文化发生作用时，可将语言看作文化信息的容器和载体"。①

赵元任认为，"语言是由发音器官发出的，是成系统的一种行为方式，是人与人互通信息的工具"。②

上述几位学者依照不同的视角对语言进行具体的阐述和分析，纵观这些分析不难发现，对语言本质特征的探讨都有所提及，但是这些界定和分析又往往存在其固有的局限。就事实来看，即使将这些定义机械地融合在一起，也不能全方位地对语言的本质进行分析。因而，对语言本质的探讨还应根据实际的研究进行全方位的把握。

作者认为，可以将语言简单的定义为：语言是人们进行言语交际的形式，是一种口头与文字相结合的交际工具，是人类认知世界及进行表述的过程与方式。

（二）思维

"思维"这一术语相对比较抽象，因为对于人类而言这是一种不可见的事物，其存在并运行于人类的大脑中。

恩格斯曾经说过，思维是人脑的机能。有科学家争论动物也有思维，他们通过实验发现，狗会算算术，黑猩猩可以借助工具获取食物，猫能够学会便后冲马桶，猴子可以借助石块砸开核桃，鸟类有自己的语言，海洋鱼类也能发出不同的声音信号，甚至还有人类无法用耳朵听见的超声信号，狼群狮群配合捕猎等，这些都是动物思维的表现。

通过思维而获得创造工具的能力是人类与动物共同的标志，只是人类较为高级一些。我们既然承认人类是高级动物，那么就应当承认动物思维的存在，不过这只是最广义的思维范畴，从严

---

① 许国璋.语言的定义、功能、起源[J].外语教学与研究,1986,(2):15.
② 赵元任.语言问题[M].台北:台湾商务印书馆,1968:2.

格意义上来说,动物只具有低级的思维方式,而经过不断进化的人类大脑才是高级思维的物质条件,是高级思维方式的基础。

同样,人类的语言也是从动物的这种广义范畴的低级语言逐渐进化到狭义范畴的高级语言的。或者说,人和动物思维的本质不同在于各自运用不同的语言思维方式。从生理学角度来看,思维也是人类与动物之间共通的,它是一种高级的生理活动,是大脑中的一种生化反应过程。人类除了睡觉之外,几乎每时每刻都在思考,思考人与自然界的关系,思考个人与他人的关系。通过思考从现象深入事物的本质,发现事物的内在规律,使自身能够在客观世界中生活得更好。由此可见,人的思维是对客观世界的一种反映,是人类在认识客观事物时动脑筋进行比较、分析、综合等的过程。

当今网络世界成为越来越多人的第二世界,人们可以在网络上做现实生活中的所有事情,衣食住行,求学、求职,甚至“结婚生子”,有人认为这种虚拟现实不再是客观世界,而人们在网络上的思考和行为就不再是对客观世界的反映,因此得出结论,思维可以脱离现实。其实,我们应当清醒地看到,网络世界也是客观世界的反映,虚拟现实中的种种都留有现实世界的影子。衣食住行等行为都是客观世界里的客观发生,虚拟现实也是对客观世界的反映,因此对于网络虚拟思维,我们同样应当将其看作对客观世界的反映。

人类无时无刻不在用自己的大脑进行着思维,进行着创造,而人们却很少对自身的“思维”进行思考。在学校里,思维科学也很难成为一个独立的学科。虽然有脑科学、语言科学、逻辑学等相关学科,研究思维的物质基础、外在表现、各种形式等,但是对于人类“思维”的整体研究却无法独立成科,这确实是一个遗憾,其关键原因就在于很难为思维定义。那么究竟怎样给思维一个准确的定义呢?人们从哲学角度、心理学角度、语言学角度给出不同的定义。例如,按照“思维科学首批名词术语征求意见稿”中的定义:“人类个体反映、认识、改造世界的一种心理活动”,立刻会有人提出质疑，认为这样定义把思维纳入了心理学的范畴。

思维科学的创始人钱学森教授高度重视思维科学的重要性，把思维科学提升为与自然科学等并驾齐驱的一类科学。他提出了现代科学的一个纵向分类法，把现代科学分为六大类：自然科学、社会科学、数学科学、系统科学、人体科学、思维科学。

这样，我们就能够更加清晰地认识思维科学的位置，而脑科学、语言科学、逻辑学、心理学等学科都可以统一在思维科学体系之下。科学家提出了一整套思维科学的体系架构及其友邻科学，我们可以作一参考。总之，要为思维定义，一定离不开三个要素，即人脑、客观事物、内在联系。

首先，思维是人脑特有的机能，是人的大脑中进行的一种"活动"和"过程"，是一种生化反应。

其次，思维是人脑对客观事物的反映。

最后，人类通过思维能够认识客观事物的内在联系，对客观事物形成间接和概括性的反映。

(三)语言与思维的关系

人们的思维认知过程总是借助于视、听、嗅、触、说、思等手段来进行的，而人的眼视、耳听、鼻嗅、手触、口说、脑思等，又都毫无例外地通过语言来反映。思想不能脱离语言而存在，语言是思想的直接现实。语言与思维紧密相连，它们的关系辩证统一。语言有两个主要功能：思维功能和交际功能。它既是思维的产物，也给思维提供物质材料；而思维是语言的核心，它必须借助语言来进行工作。

思维的过程即人脑对外界信息的接受、加工和处理。外界的语音、文字等信号通过听觉、视觉、触觉等方式被大脑接受后，便迅速进入了大脑的信息加工处理程序。语言信息的加工处理过程是在大脑中进行的，这点不必用语言学来推导。其他相关科学的实验、测试手段（如脑电图、磁共振）能更加直接地证实。最明显的是人们在说话时可以用脑电图测得脑电波，这样的脑电波测试可以重复成千上万次,结果都显示脑电波的存在。这就足以证明语言信息确实在物质大脑之中,语言信息的加工处理也在大脑中进行。

语言是逻辑思维的工具,当人们的大脑进行思考时,语言中枢就会对思考着的画面进行"解说"和编码,大脑会自动选择自己最熟悉的语言——母语来进行编码。对于同时说两种或多种语言的人来说,语言中枢会根据不同的情景,自然地做出选择。例如,人们常常会发现,双语儿童在和说中国话的妈妈说话时说中文,而和说英语的爸爸说话时自然地转换成英语交流,这就说明大脑会根据情境自动选择合适的语言来表达思维内容。

对于学习外语的人来说,无不把能够用外语进行思维作为学好这门外语的最高境界,能够熟练地像母语一样操控一门语言,我们的大脑就会在合适的情境中"毫无偏见"地采用这门语言作为它思考的工具。随着社会的发展和科学的进步,人们对语言、思维和现实的思考从更多角度展开。尽管学者们提出种种不同的看法甚至意见相左,但是他们的观点大体上来说可以分为以下四类。

1. 语言与思维同一论

语言与思维同一论者认为,语言和思维是同一种东西,思维是无声的语言,而语言则是思维的外在表现。思维和语言使用是同时发生的同一件事,这是行为主义心理学所持的观点。例如,华生就认为思维与自言自语没有丝毫不同之处,把思维完全看作无声的语言,只是因为这时身体的活动是隐蔽而微弱的,所以使用通常的方法难以观察。后来的新行为主义者斯金纳也持同样的看法,认为思维是无声的或隐蔽的或微弱的言语行为。[①]

2. 语言决定思维论

语言决定思维论者认为,语言在很大程度上影响人的思维,

---

① 　肖峰.从哲学看符号[M].北京:中国人民大学出版社,1989:152-153.

甚至决定主体关于现实世界的认识。这一观点的代表是语言决定论的洪堡特及其学派以及萨丕尔和他的学生沃尔夫。

洪堡特认为,世界观的形成要通过语言的手段,每种语言都会帮助形成各自不同的世界观。但他同时认为语言对思维具有反作用。萨丕尔和沃尔夫的观点放到一起被称为"萨丕尔—沃尔夫假说",核心观点是,人的思维完全受自己母语的影响,人的语言影响人对客观世界的感知,不同的民族由于语言不同,因此对世界的分析和看法也不同。人不是孤立地生活在世界上的,也不是孤立地生活在一般意义上的具有社会活动的世界里,而是受他们所处的社会中作为表达媒介的特定语言的影响。①

3.思维决定语言论

思维决定语言论的观点可以追溯到 2 500 年前的亚里士多德,他提出了思维范畴决定语言范畴。而在现代,则以皮亚杰的观点最为典型,其认知发展理论(简称认知论)建立在长期对儿童智力和思维发展的观察和研究上,认为个体从出生到儿童期结束都遵从同一个发展顺序,经历四个认知发展的阶段:感知运动阶段(出生至两岁);前运算阶段(二岁至七岁);具体运算阶段(七岁至十一二岁);形式运算阶段(十一二岁至十四五岁)。②

在这个过程中,认知和思维是一种决定语言发展的基本功能,语言是在动作和形象的基础上发展起来的。语言能力在发展起来后就取代动作,成为一种更灵活的思维工具。

4.语言和思维独立论

思维和语言的独立论者认为,思维和语言的发生不是同源的,语言只是思维的一种有用的工具,而不是唯一的工具,离开了

---

① 封宗信.现代语言学流派概论[M].北京:中国人民大学出版社,2006:104.
② 桂诗春.新编心理语言学[M].上海:上海外语教育出版社,2000:191.

语言,人的思维同样可以进行。[①] 也就是说,在人类历史的不同阶段以及不同的思维形式中存在非语言思维,因而思维可以脱离语言而独立存在,甚至先于语言而独立存在,尤其是数学家、物理学家进行的高度抽象的思维形式,借助的是抽象的符号和公式等工具,并不需要语言的参与。还有一些形象思维的艺术形式,也不需要借助语言的工具,如舞蹈、音乐等。

总之,关于语言、思维和现实的关系,我们认为无论是语言还是思维,都是对客观现实的反映形式。人类生活在自然界的客观现实中,思维和语言是认识和改造这些客观现实的产物和工具。思维出现在语言之前,在人类掌握语言这一工具之前,一定经历了一段非语言的思维时期,这一点从婴儿出生至习得语言的过程中就可以得到证实。决定思维的是客观现实世界,而不是语言。

然而,在人类的生产生活中,语言一旦产生便反过来作用于思维,成为思维强有力的工具,甚至会影响和制约思维的发展。每个民族起源于不同的自然与社会生活环境,在不同的客观现实的作用下,产生了不同的思维习惯方式和语言表达方法,经过长时间无数次的思维与语言的作用和反作用,最终形成了不同思维模式与不同的语言表达结构的对应,而这种对应以及思维和语言的作用与反作用也必将随着人类语言和思维的发展一直持续下去。

尤其是现代社会,科技日新月异,网络的普及把世界缩小为一个地球村,人与人之间的传统关系模式变化了,新兴的语言表达更是层出不穷,人们的思维模式也发生了变化。因此,我们在探讨两种语言之间思维的对比时,不应该认为某种思维方式决定某种语言表达形式,或者某种语言表达形式决定某种思维模式,而应该把它们看作相互作用的结果。

总之,作为哲学家、语言学家、人类学家、社会学家争论已久但仍然悬而未决的问题,语言与思维的关系不应是非此即彼的,

---

① 卢明森.思维奥秘探索——思维学导引[M].北京:北京农业大学出版社,1994:121.

科学研究的本质应该是发现事物的本质规律、描述其客观存在形态。通过人类几千年来对语言和思维关系的思考和讨论,我们不断加深了对它们的科学认识,不断接近它们的本质。

二、翻译心理学的思维要素——语言的符号性

语言是人类特有的符号体系,是人们最为常用的一种符号。狭义的语言只是指人们的口头言语和书写的文字,而广义的语言还包含着所谓的表情语言、形体语言、装饰语言等,它们都是传递人的思想信息的符号形式,然而语言最通常还是指言语和文字。

言语的物质形式是声音,文字的物质形式是图形,它们分别给人造成听觉的和视觉的反映。语言作为物质形式和内容意义的统一体,在自己身上便体现为"音义"统一体或"形义"统一体。语言还是一种线性的结构系统,语言单元是沿着一维的方向前后相继地排列下去的,语言单元之间是根据语法规则组合起来、形成语言系统的。

由此可见,对于有声语言来说,它的三大构成语素便是:语音、语义和语法。语言在所有的符号形式中是最基本和最重要的符号形式,是人类传递、存储和加工信息的基本工具。下面就具体分析语言的符号性。

(一)什么是符号

在我们生活的世界里,处处都存在符号的踪迹。例如,马路上的交通信号灯,红灯符号表示车辆行人必须停止,绿灯符号表示可以通行;医院里张贴的禁止吸烟的标志,告诉人们这里不能吸烟;中国人过春节时大门上贴倒写的"福"字,表示对来年的祝福;天气阴沉,乌云密布预示着将要下雨;某处浓烟滚滚,人们就此推测出刚刚发生了火灾。再如,路上爬行的蚂蚁遇到同伴要互相碰碰触角,传达哪里有食物的信息;猎人根据地上留下的动物的脚印,判断出前方有什么样的猎物等。可以说,符号以及符号

活动无时不有，无所不在。

总体来说，符号一般被划分为两大类，即人类的符号活动和自然界符号活动（包括动物符号活动）。其中，人类符号活动又可以分为两类，即语言符号和非语言符号，后者又可进一步划分为建筑符号、音乐符号、影视符号、绘画符号、行为符号等。由此可见，符号学将人类学术领域的几乎所有学科门类囊括其下，尤其是人文学科，它为跨学科交流和研究提供了一条道路。

索绪尔在他的普通语言学文稿中明确指出过符号学的重要性，并反复强调语言本质上是符号，语言学从属于符号学，"语言学，我们现在就称其为符号学，也就是说关于符号的科学，即研究人尝试用必不可少的约定系统来表达思想时所出现的现象。……无人开课讲授符号传播现象，而这一现象反过来却完全占据了语言学家的脑海，以致他们认为语言学属于历史学科……其实语言学什么也不是，它就是符号学。"①

在关于符号学与语言学的关系问题上，学者们所持的观点大致分为：符号学包含语言学，如索绪尔、西比奥克等；符号学从属于语言学，如法国符号学家罗兰、巴尔特；符号学和语言学并列平行，相互交叉；符号学和语言学互不相干，如法国符号学家吉劳。就目前的研究来看，持第一种观点和第三种观点的学者数量更多、更具有说服力。

其实，符号学作为一门跨学科的研究工具，它在一定程度上囊括了语言学，赋予语言学一种新的研究方法，而语言学同时又有自身的一些特点，也许正是符号学理论尚未涉及的领域。无论如何，我们不得不承认的是，语言是人类多种符号系统中的一种典型代表，也是使用最多的一种人类符号体系，如果我们将对语言的研究置于符号学的广阔背景中，必将更方便进行语言的跨学科研究，为语言学的发展开辟新的道路。

---

① ［瑞士］费尔迪南·德·索绪尔著，于秀英译.普通语言学［M］.南京：南京大学出版社，2011：230.

(二)符号系统

所谓系统，就是指性质相同或相似的事物按照一定顺序和内部联系组成的整体。例如，城市道路交通系统、电路系统。符号系统就是性质相同或者相似的符号，按照一定规律组合而成的整体。一个符号总是要在特定的系统中才有意义，如果把它放在另一个符号系统中，它可能就没有意义，或者具有其他的意义。例如，在马路上看见交通灯，红灯表示要停下来，这是交通信号灯符号系统赋予"红灯"的意义，但是如果离开这个系统，红灯就可能是别的意义了。

符号具有任意性，同样符号系统也带有很强的主观性，因为符号系统是借助编码组织起来的，人们根据一定的规则把符号的能指和所指结合起来，体现符号的符指过程，符号使用者在此过程中承认符号能指与所指的关系并在使用中遵守这种关系，这就构成一个符号系统。不同的符号系统有不同的规则，也就是不同的编码方式，这就解释了为什么同一个符号在不同的符号系统中有不同的意义。

再进一步划分符号系统，可以把符号的能指系统和所指系统区分开来。符号的能指系统就是指符号的形式系统，它关注的是符号的形式，如符号形状、符号的读音等。再用交通信号灯系统作例子，它的能指系统就是它的构成形式，通常由三个圆形的灯组成，分别是红灯、黄灯和绿灯，同时它们的排列顺序是固定的。现在改进了的红绿灯用箭头表示前进的方向，箭头向上、向左和向右以及红、绿、黄三种颜色的箭头等，这些都是交通信号灯系统的能指系统所包含的内容。

符号的所指系统就是它的意义系统，它是能指系统的对象。"意义"两个字看似简单，却是最复杂的概念，从古至今，关于"意义的意义"的问题是各派争论的焦点，众学说派别林立，无法统一。尤其是语言符号系统，对其所指系统即其意义系统的研究更是难度很大。

符号系统包含广泛,一般来说,它可以划分为以下几大类别,如图 3-1 所示。

不同符号系统之间的转换必须通过翻译。符号学中的翻译,并不限于不同语言符号之间的翻译,而是指两个或几个任意符号系统之间的转换。例如,把蚂蚁的动作意义系统翻译为人类可以看懂的语言符号系统,把语言符号转换为盲文符号系统。

由此可见,符号之间的翻译必须对等,翻译者必须熟悉原符号系统和目标符号系统,并且懂得翻译技巧。

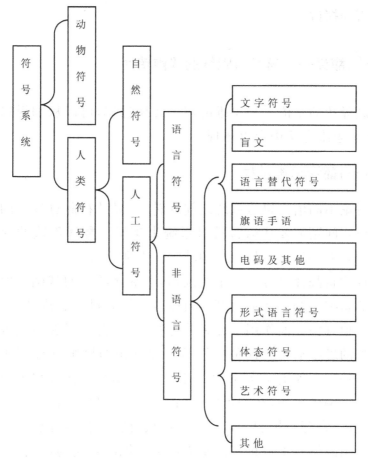

图 3-1 符号系统的划分

(资料来源:陈浩东等,2013)

第二节　翻译心理学的运行模式

翻译还是语际间符号的转换行为，这种语际间的符号转换行为包括源语语码意义化以及译语意义语码化这两大主要环节。并且，在具体进行翻译时，还应根据实际情况，灵活地运用翻译思维机制。下面对翻译心理学思维机制的运行模式的相关内容进行分析和探讨。

一、翻译——语言与思维的双重转换

翻译活动是语言与思维的双重转换过程，可以从翻译思维过程、翻译思维方法中得以体现。

(一)翻译思维过程

讨论不同语言符号系统之间的转换，以及在此过程中的思维运行模式问题需要从语言符号系统来探讨。翻译创造的深刻哲学基础是人类创造的最深层领域——思维活动。

许钧将翻译划分为三个层次，其中翻译活动的基础层次便是人类的思维。翻译活动就其本质而言是译者进行思维的过程，原文及其他有关方面作用于译者的感官之后，促使译者的大脑进行一系列的思维活动。这种思维活动和创作的思维过程相比具有自身的特点。如前文所述，思维和语言的相互转化过程依赖于大脑的语言编译机制，在创作中，作者对客观世界进行观察，提取信息，通过语言理解机制的运作，形成自己的理解，这种思维的结果通过大脑的语言生成机制以及语言编译机制转化为语言，从而进行信息的传递，于是创作就完成了，用一个简单的公式，创作的过程可以表达为"理解—表达"，或者"提取信息—传递信息"。而翻译的思维活动则是在原文作者思维的基础上用译语进行的，它没有直接的客观世界作为思维对象,而只能以原文的文字作为自己的思维对象和信息加工的材料,间接地提取信息,移植到另一种语言上去,译者的翻译思维过程是译者以主体方式对原作意义的把握过程,其思维建构涉及双语乃至多语,具有双重性:没有源语写就的原文当然无以产生目的语中的译文,原文是翻译的客观前提,源语思维是翻译思维的基础;但如果没有译者通过目的语对原文的语言系统进行译语思维并加以译语创作也不会产生译文,译文是译者对原文进行特殊的理解并在内部言语阶段加以双语思维后再进行特殊表达的产物。

也就是说,在理解和表达之间有一个"内部言语形成"的过渡过程。须经历"理解—表达—再理解—再表达"的较为复杂的过程,如果划分得细一些,还可以这样表示"提取信息—传递信息(源语语言符号信息)—进入译者大脑提取信息—语言与思维的转换(运用语言编译机制进行编码的内部言语过渡过程)—形成译语语言符号信息"。

傅敬民在《试论翻译的思维建构问题》一文中也提到,"翻译活动应该是这样一个过程:理解(感觉、知觉、思维)—思维建构或内部言语的形成—表达。也就是说,当译者完成了理解之后,他必然要先进入思维建构阶段后才能达到表达"。[①] 很明显,在翻译思维过程中最重要的一环便是语言与思维的转换过程,即内部言语形成的过渡过程。"内部言语"这一概念最初于 1934 年由苏联心理学家维果斯基在其著作《思维与语言》中提出。他认为,"内部言语"就是初始的思想与外部的表达之间必不可少并经历了深刻变化的环节,是理解到表达的中间阶段。在翻译过程中,内部言语的形成过程在由原文向译文转化过程中起到桥梁作用。

刘宓庆在《当代翻译理论》中也对翻译思维的全过程做了分析,指出"翻译思维的特点是翻译者所接收到的'直接现实'是 SL(源语)的语言信息系统,是 SL 的语言表层,而不是 SL 深层的概

---

① 傅敬民.试论翻译的思维建构问题[A].译学新探[C].青岛:青岛出版社,2002:203.

念。"于是,翻译者的任务便是"以 SL 的表层信息系统为依据,通过自己头脑的判断和推理,解决词语语义系统中的各层次(语法的、逻辑的、修辞的)的关系,进入概念系统,即 SL 的深层结构,进而形成内部言语";然后"内部言语经过人脑的言语生成机制,运用语法和惯用法规律加以编码,成为语言群体所共用的语言符号系统,通过语音器官发之于外,就是人们所能接收(通过视觉、听觉或触觉器官)的媒介,即语言信息系统"。他同时给出了翻译换码的思维过程,如图 3-2 所示。

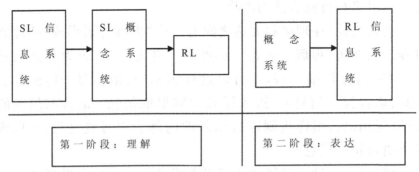

图 3-2　刘宓庆的翻译中解码—换码模式

(资料来源:陈浩东等,2013)

刘祖培在《译学的信息—思维模式》一文中指出,"翻译过程与思维运动及信息传递在本质上是同一的"。并认为翻译活动是"一种物质流动、符号系统转换和信息传递的综合过程。"[①]在此过程中,"文本、话语(信源)信号通过译者解码转换成为信息,而后输入译本、译语(信道)进行编码,最终作为思维信息传递到受众(信宿)。……在符号系统转换、信息传递的循环往复过程中,译者作为信道主体,在文本、话语与译本、译语之间,发挥着至关重要的中介作用,译者大脑储存的文化知识单元相似块始终制约着翻译的全过程。"

刘绍龙提出的翻译意义生成过程,如图 3-3 所示。[②]

---

① 刘祖培.译学的信息—思维模式[A].译学新探[C].青岛:青岛出版社,2002:191.

② 刘绍龙.翻译心理学[M].武汉:武汉大学出版社,2007:270.

图 3-3 刘绍龙翻译意义生成过程

（资料来源：陈浩东等，2013）

刘绍龙还提出了译入语生成的结构化模型，如图 3-4 所示。

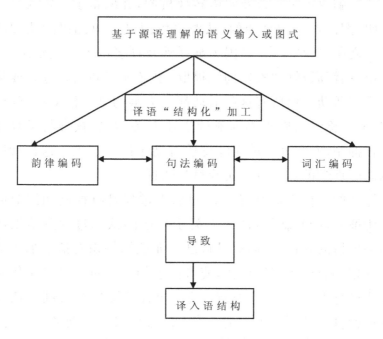

图 3-4 刘绍龙译入语生成结构化模型

（资料来源：陈浩东等，2013）

刘绍龙认为，译语"结构化加工"是关键，句法编码是重要加工手段，句法编码处于第一位，完成之后便开始进行词汇编码，并向句法结构中填入已编码的词汇。同时，韵律编码赋予这些词汇正确的语音。其中，句法、词汇和韵律三个层面的结构化加工并不是按顺序进行的。三者可以以任何排列序列进行操作，也可能互相影响、互相作用。

西方科学家们在对翻译认知心理学的研究中，把翻译的过程以及加工策略等作为他们关注的重点，如洛舍（Lorscher）、贝尔（Bell）等。据颜林海（2008）介绍，西方学者们主要采用有声思维法（TAPs）、影像观察法、计算机日志监控记录法（Trans—log）、鼠标屏幕录像法和追溯式观察法等方法对翻译或者双语者的语言转换进行研究。现代认知神经科学实验为翻译思维的研究提供了新的方法和实验证据。目前国际尖端的医学影像诊断设备PET 和 fMRI 被用来研究大脑功能结构和译者（或双语者）在翻译中的大脑双语过程以及双语转换机制，并取得了一定成果。实验表明，翻译是一种复杂的、从源语解码到译语编码的认知活动过程。之所以说"复杂"是因为翻译涉及译者的心理词汇组织、双语切换、词汇激活（搜索）、词汇提取、语义加工和语言选择或抑制等一系列活动。而所有这些活动都与大脑的某一活动区域有关。例如，词汇检索与腹外侧前额叶皮质有关；基底核参与了翻译中的语言抑制；左腹外侧前额叶皮质有助于语义加工。这也就证明了翻译心理学的建立有其实验科学依据。

译者的元认知对翻译的认知加工过程具有控制和调节的作用。所谓元认知，就是指"个人关于自己的认知过程及结果或其他相关事情的知识，主体通过自己的元认知知识对信息加工活动进行计划、调整、控制等操作，使得信息加工的过程沿着主体预想的方式进行下去"。对于翻译来说，译者无疑也会对翻译任务的过程进行自己的元认知操作。例如，当拿到一个翻译任务时，合格的译者会根据不同的文章类型，调整翻译所采用的语言风格。总体来说，译者的元认知主要包括四个方面：对翻译任务要求的认识，如风格、性质、目的等；对自身特长和弱点以及翻译兴趣等的认识；对翻译中采取的翻译策略的认识；对翻译加工过程中出现错误时的自我反省能力。一名译者翻译能力的高低与其翻译认知加工过程中的元认知有着密切联系。

人脑的构造和功能极其复杂。直到今天，人类对自己的大脑知道得还相当少。对于人类思维的研究虽然由来已久，但是由于受到大脑研究水平的制约，至今思维的发生机制及其与语言的关系问题仍然是一个悬而未决的问题。同样,要对翻译思维进行研究也是一个十分复杂的过程,只能根据现有的信息进行合理的推测。但是,随着科学技术尤其是现代医疗技术的迅猛发展,人们对语言转换中大脑活动的认识必定越来越深刻,实验的数据成为认识大脑活动的基础和证据。总结来看,译者的大脑在翻译中所经历的一般思维过程可以概括如图 3-5 所示较为复杂的四个阶段。

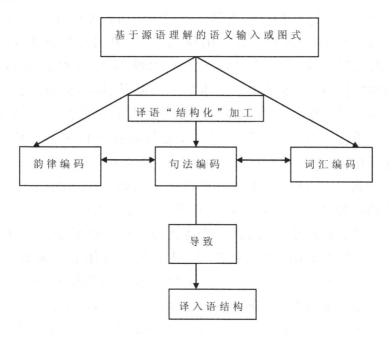

图 3-5　翻译思维过程的四个阶段

(资料来源:陈浩东等,2013)

其中,"语言与思维的转换"过程又可细分为"源语语言符号经过编码转化为思维形成短期记忆——大脑从长期记忆中提取储存的信息——短期记忆与长期记忆的信息相匹配产生理解即内部言语——大脑的语言编译机制再经过编码将内部言语转化为译语语言符号信息"。可以看出,这个翻译思维过程是一般的普遍的模式。在这个过程中,同时穿插着一条译者元认知的主线。译者的元认知知识在翻译思维过程的每一个阶段都发挥着作用,时刻监控和调节着整个过程,使翻译的思维过程沿着译者认为合适的方向发展，由于译者具有个体差异，如不同的习惯思维方式、心理条件和不同的原文类型等，不同的译者以及同一译者的某个具体翻译思维过程也可能存在特殊性。因此，译者元认知成为决定翻译效果好坏的重要一环。

(二)翻译思维方法

以上，我们对翻译在大脑中的思维过程进行了描述。实际上，在翻译的思维过程中，大脑还要综合运用各种思维方法。

钱学森在《开展思维科学的研究》一文中把人的思维方法分成三种：抽象（逻辑）思维、形象（直感）思维和灵感（顿悟）思维，并且指出"这三种思维学都是思维科学的基础科学，也可以合称之为思维学。"①当然，这种划分并不排除还存在目前尚未得知的其他类型的思维方法。人脑的每一个思维过程不仅仅是一种思维在起作用，往往是两种甚至三种共同或交错起作用。脑科学的研究告诉我们，大脑的左半球主要担负抽象思维的功能，右半球则主要担负形象思维的功能，左、右半球通过脑内最大的神经纤维束——胼胝相联系，人的思维活动就是通过胼胝的信息传递，由左、右半球相辅相成协调完成的。人在某一具体的思维活动中，可能是某一脑半球起主导作用，但没有另一脑半球的配合协调，思维就不可能完整、健康地进行。同时研究发现，左脑在抽象思维方面占优势，而右脑则在形象思维方面占优势。在正常情况下，两侧大脑之间存在着极为密切的联系，因而抽象思维和形象思维两者实际上是不可能截然分开的，而是互相交织、互相补充和互相转化的。

既然人类的思维就目前的划分有以上三种方法，那么作为人类思维的一种，翻译的思维过程当然也有这样三种方法。

---

① 钱学森.开展思维科学的研究[A].关于思维科学[C].上海：上海人民出版社，1986：130.

1.抽象思维

抽象思维的形式是概念、判断和推理,通过概念,形成判断最后达到推理。翻译首先涉及语言问题,作为翻译思维的符号材料(思维的材料可以是实物材料,也可以是符号材料),语言以其语法结构和语义系统帮助思维的实现,翻译者要将 A 语言转换为 B语言,就必然运用自己掌握的 A 语言的语法概念判断各个词、句及段之间的关系,通过对 A 语言符号的分析,从而推理出 A 语言符号的所指。

因此,我国语言学家朱星先生在《汉语语法学的若干问题》一书中指出"两种语言文字的翻译以逻辑思维为基础"。语言是思维存在的物质形式,而逻辑是"思维的规律"。由此可见,翻译依赖于逻辑,逻辑思维是译者手中的有用工具。

这里所说的逻辑思维,就是寻找语言之间的内在联系,根据这种内在联系进行翻译,组织译文。特别是当语言的表面形式和内在意义发生冲突时,逻辑思维发挥着重要作用,能够使我们准确通顺地传达原文的内在实质。

英汉两种语言的差异较大,逻辑思维在分析语法、语义、语用及文本等方面发挥着主导作用。例如,英语句子中逻辑关系较强,较多运用连词等进行连接,层次清晰,关系明确;而汉语主要靠意义来连接,较少使用连词。

2.形象思维

语言既是逻辑思维的工具,又是形象思维的工具。逻辑思维是一维的,即线型的;而形象思维是二维的,其特点表现为形象性、概括性。如今,几乎所有抽象思维的东西都能够由计算机来做,从而代替人的劳动,但是计算机对形象思维却无能为力。机器翻译无法推广使用,正说明了形象思维在翻译中的地位。

形象思维的形式是形象观念和联想形式。通过想象的形象思维比通过判断、推理的逻辑思维要复杂得多。如果说推理论证具有相对固定的逻辑形式,那么语言对人物形象、景象和图像等的描述并没有比较固定的格式,其手段又多种多样,通过语言的描述诱发人们的想象,从而显示形象。同时,翻译要借助语言和文字进行,它不同于绘画、摄影等活动中形象思维。它不能直接显示具体物象,而只能间接地显现。语言描述诱发读者的想象,读者凭借自己的经验去再现出语言描述的现象。因此,对于同一原作,不同的译者会有不同的译文,这与语言描述的模期性和不稳定性有着必然的联系。

此外,文学描述倾注着原著作者的思想感情,蕴含着作者丰富的经历感受,具有强烈的感染力。译者必须储存大量的形象感受,与著作者感情契合,才会有同样的想象和联想,才能进行再创作。但凡好的翻译,必然要在感性即形象思维上下工夫,以期传达出原文的神采,引起读者的共鸣。

3.灵感思维

钱学森在《关于形象思维问题的一封信》中指出:"凡是有创造经验的同志都知道光靠形象思维和抽象思维不能创造,不能突破;要创造要突破得有灵感。"古今中外的文学家和科学家们非常重视灵感的作用,冥思苦想的问题往往因为一个偶然的机会而得以解决,这样的例子在文学史和科学史上不胜枚举,就连大科学家爱迪生都说天才是 99% 的汗水加上 1% 的灵感。由此可见,灵感对于创作是何等的重要。

就翻译活动来说,我们在处理一些难译的词或句时也经常要运用灵感思维,特别是许多精彩译文的产生更是往往与灵感思维相关。随着现代心理学研究的深入发展,人们对灵感这一特殊的心理现象被冠以不同的名称,如"潜意识""直觉""无意识""瞬间的顿悟"等。灵感的出现只是一刹那,那么它是不是凭空产生的呢?灵感思维的运作机制究竟是怎么样的呢?

唯物主义者认为,灵感首先是一种精神状态,它同一切意识形态和精神现象一样,都是客观世界在人脑中的反映。灵感不是

"神赐论"所说的从天而降,也不像"不可知论"所说的是无源之水、无本之木。译者的大脑中储存着丰富的思维材料,有些在显意识中,而有些却存在于潜意识中,灵感就是在潜意识中孕育的,同时它离不开显意识的参与,当孕育成熟,灵感便突然涌现于显意识,成为灵感思维。由此可见,灵感也是基于长期的专业知识和经验的积累而形成的。灵感及灵感思维有以下四个特征:突发性、偶然性、独创性以及模糊性。

　　翻译活动是受大脑支配的,而大脑又是受原有储存的信息所制约的。译者在学习和翻译实践中积累起来的知识单元被储存在大脑中,这些"知识单元"在相似论中被称作"相似块",也有心理学家称为"先知识",译者就是根据这些"相似块""先知识"去对照、分析、比较、鉴别原文中的各种句子结构、表达方式等来获取原文中的信息,然后再把原文中反映到大脑里来的信息进行过滤,用形象思维方法和逻辑思维方法对之进行分类、比较和分析,最后确定出最佳的译文方案。无论是逻辑思维、形象思维还是灵感思维,都依赖于人脑中的"相似块"。翻译能力的高低也与"相似块"密切相关,所具有的相似功能越多,其作用就越大。

二、翻译心理学思维的运行模式——语言符号转换

　　语言是反映思想的符号系统,符号的意义深深植根于千百年来历史创造的文化中。具体到英汉两种语言的翻译,要分析翻译的符号转换,应当从以下两个层面来研究。

(一)语言符号转换的基础——符号翻译

　　思维是大脑的一种机能,因此普遍来说,在共同的客观世界中,在人脑的共同物质结构之下,思维的能力和规律是全人类性的。而语言是以声音为前提的物质现象,它的任意性和约定俗成性决定了它的多种形式。但是,当各民族的语言发源时,虽然处于各自不同的时间和空间,但对客观事物本质性认识的思维活动

是一致的。正是这一同一性，构成了语言转换的客观基础。

语言符号体系包括音素、音节、词素、词、短语、分句、句子乃至语篇，它是人类多元符号系统中最典型也是最复杂的一种。近年来，随着西方符号学研究的发展，将符号学的理论运用到对语言以及对翻译的研究已越来越显示其优越性。

符号系统之间的转换就是符号学意义上的翻译。而狭义的翻译则是指不同语言符号系统之间的转换。在符指过程中，解释项(B)在符号(A)和列象(C)之间进行着有意义的调节，也就是说一种语言符号(A)在翻译者脑中创造出一个概念，并且产生一个"思想场所"，即"符境"；接着，译者头脑内部的语言编译机制将源语的思维转化成"内部言语"，供大脑进行编码，接着转化成译语的语言，从而产生出源语语言符号的对象——译语的语言符号(C)，这就是翻译中语言符号的转换过程。

一个符号要获得永远新的内容，符指过程就必须是一个不断发展、有目标引导的，但总是无止境的过程。也就是说，不同的译者对于同一个语言符号会产生出不同的译语符号，甚至同一位译者对同一个源语符号也有不同的翻译，因此从符号学的角度上来看，翻译是一个永无止境的符指过程，是一个"只有更好，没有最好"的过程。

(二)英汉双语语言符号转换的四种基本模式

英汉语际转换行为虽然千变万化，但是大体上来说可以分为四种基本的转换模式，从优先传译的是哪一种符号关系的角度上来看，所有的语际转换形式在根本上无外乎四种，即契合对应式、语义转换式、语义＋句法式和语义＋语用式。

1.契合对应式

所谓契合对应式，就是能够把源语语言符号的三种符号关系都完整传译的转换模式。这种模式是很少的，常见于句法简单、语用关系较淡或较单一的科技性或陈述性的语言中。例如：

I am enchanted with the film.

我被这部电影迷住了。

3 加 2 等于 5。

Three plus two equals five.

应当指出的是,随着世界各国交流的日益加深以及汉语这几十年来的发展,新词新语不断涌现,契合对应式的范围有所拓宽。例如:

The whole association is fiercely against the current price war.

整个协会都强烈反对目前的价格战。

其中"价格战"一词便是汉语借鉴外来语的表达,其意义已完全能够与 price war 相契合。

在英汉两种语言中,还有许多互相借用的词或句,它们之间的互译可以达到契合对应式转换。例如,英语中的 zuoyi、jiaozi 等词语都是从汉语的"作揖"和"饺子"直接音译的;汉语中的"黑马"也是借用英语的 black horse。

有时,在英汉两种语言中恰好存在形象和喻义都吻合的成语或谚语,这样也可以构成契合对应式转换。例如,汉语中"破釜沉舟"这个成语在英语中就有对应的表达 to burn one's boats,二者不仅语义和句法关系相似,而且所出典故也相似:前者出自中国古代的楚霸王项羽,后者出自古罗马的恺撒大帝,因此它们的语用关系也基本相同。随着网络时代的到来,世界各国之间的交流日益频繁,相信这样的契合对应式转换会越来越多。

2.语义转换式

语义转换式是英汉双语符号转换模式中最常用的一种。这是因为几乎所有翻译交流的目的都是为了传达语义的,如果一个语言符号没有语义可传达,那就不知所云。所以,当译文中最重要的符号关系是语义关系,且在语言符号转换过程中无法兼顾句法和语用关系时,我们不妨采用语义转换式。

有一些基于不同语言符号本身所具有的不同结构特征即它

们不同的句法关系而产生的转换上的困难，几乎是无法避免的。例如，在语音方面，英语中有头韵、尾韵、半韵、和音等处理技巧，其中的头韵就是汉语中所没有的，如果要把英语谚语 as fit as a fiddle 翻译成汉语，只能通过语义转换译成"非常健康"，其中的句法关系——头韵以及在文化上作为谚语的语用关系都无法传达。

汉语有四种声调，这也是英语发音所没有的特点，汉语句子常运用四种声调表达不同效果，翻译成英语这种句法关系以及由此带来的语用关系无法传达。例如，"嗯"这个字的四个音调，加上不同的标点符号就有了四种完全不同的意思。

1）一声表示思考。

2）二声表示疑问。

3）三声表示否定。

4）四声表示赞同。

再如，两种语言中的双关语往往也只能通过语义转换传达，其中最重要的一个语义，双关语的句法关系和它所暗含的语用关系——即它的文化意义则无法传递，因为在译语中很难找到同样的双关语，如在汉语中常说"三人成众"，这就是一个双关，意义之一是说"三个人就可以组成一个群体"，意义之二是基于汉语特殊的构词法：三个汉字"人"就组成一个新的汉字"众"。还有"三字式"这种表达，在转换成英语时第二种语义很难传达。

3. 语义＋句法式

语义＋句法式就是在转换过程中，能够兼顾源语语言符号的语义关系和句法关系，而无法兼顾其语用关系的转换模式。这种转换模式通常发生在语用关系不是源语语言符号所要表达的最重要意义的情况下。例如，在汉语中人们发出感慨时常说"谢天谢地！"要把这句话译成英语似乎很简单，通常都译为："Thank God!""哦，天哪！"相当于英语中的"Oh, my God!"或者"Oh, Jesus!"

这两种表达虽然从语义和句法上看是用英语谚语巧对汉语

成语,而且对应得十分契合,译语却几乎不能体现出源语的语用关系。为什么呢？因为"天""地"所包含的语用意义和 God 所具有的语用意义完全不同,因为汉民族和英美等民族宗教信仰有着极大的差异。这里的"天"是指我们中国老百姓心中的"老天爷",而不会是西方人心中的"上帝"。

4. 语义＋语用式

语义＋语用式就是在转换过程中,能够兼顾源语语言符号的语义关系和语用关系,但无法兼顾其句法关系的转换模式。这种模式也是比较常见的,因为特殊的句法关系因其转换的困难常常是翻译转换中首先放弃的对象,而译者往往能够兼顾语义和语用关系。如前面所提到的双关修辞手法,就是要经常使用这一种转换模式的。

再如,汉语句子中常常使用四字短语,而且不仅仅局限于成语。在现代汉语中,不管什么文体的文章,都会出现临时编造的四字短语。有人说这与中国文化源远流长的"中庸"思想有关,寻求平衡,保持工整。这些四字短语排列整齐、音韵优美,可谓是汉语的一大特色。

英汉双语转换中有时还根据情况改变句式而保留语义和语用关系。例如:

"再让我听到你撒谎试试看!"

汉语的"试试看"在这里是一种威胁和强调的语气,如果直接译成英语"Try to let me catch you cheating again!"句子的意思有所变化,好像在请求别人做事。

英语语言符号中 try to do 没有威胁人的意思,这时只能通过变换句式达到同样的语用效果:"Let me catch you cheating again!"

从符号学三种关系的角度,我们简要分析了英汉双语语言符号转换的基本模式。在这里,有必要重新强调符号学翻译原则的核心思想,即"以保证特定上下文中最重要的意义优先传译为前提，尽可能多和正确地传递源语信息的多重意味，争取原文和译文最大限度的等值"。

也就是说，在英汉双语语言符号的转换中，能够在句法、语义和语用三种关系上都等值的现象是很少的，作为译者就应当使用各种变通和补偿手段，将最重要的关系优先传达并且尽可能多地转换其他关系。所以，上面进行的基本模式划分并不是一个固定不变的概念，而是应该将其理解为一个逼向契合对应式的不断发展的过程。而这种无限逼近的理念与符号学"符指过程是一个永无止境的过程，只有更好，没有最好"的解释也是完全吻合的。可以说，对英汉双语语言符号的转换模式的分析也是对符号翻译和英汉双语语言符号转换过程的一个有益补充和证明。

第四章　翻译认知心理学:心理学视域下翻译的认知

"认知"是指知识的获得与使用。翻译的过程是从认知心理出发进行的信息加工过程,包括输入、变换、简化、存储、恢复、使用等步骤。在具体的翻译中,通过认知加工的作用,能够不断发现问题、解决问题。本章从心理学的视域对翻译的认知展开研究与分析。

第一节　翻译认知心理学的理论依据

翻译是一种跨语言、跨文化的认知加工过程,翻译认知心理学就是对这些加工过程展开的分析。翻译认知心理学是在科学的理论支撑下产生的,主要包括元认知理论、认知加工理论和翻译认知心理。

一、元认知理论

美国心理学家弗拉维尔(Flavell)在 20 世纪 70 年代提出元认知理论。所谓元认知,就是"个人关于自己的认知过程及结果或其他相关事情的知识",以及"为完成某一具体目标或任务,依据认知对象对认知过程进行主动的监测以及连续的调节和协调"。弗拉维尔将元认知分为元认知知识、元认知体验和元认知控制三类。

元认知理论主张,认知主体对事物的认知不仅是对其进行感知、记忆、理解、加工,同时是对认知过程进行积极监控的元认知过程。所谓监控,是指元认知对所加工信息进行的反馈与加工循环控制。这种控制过程强调信息加工者的主动性、积极性、自觉性和主体性,可以分为自我监控、自我调节、自我管理三个步骤。

元认知过程的运行水平是认知过程效果的决定因素。在信息加工过程中,元认知不仅承担着认识对象和自身能力、确定目标、选择方法、评价结果的作用,同时可以根据评价的结果对认知目标和方法进行调整。可以说,元认知过程是完成认知任务的有力保证。

需要指出的是,元认知能力和认知能力有一定的差异。认知能力是指能够使认知主体获得知识和解决问题的能力。元认知能力则是指认知主体对自身获得知识和解决问题的过程进行调节和监控的能力。下面分别对元认知知识、元认知体验和元认知控制进行分析。

(一)元认知知识

所谓元认知知识,顾名思义就是与认知相关的知识,是指个体所存储的既与认知主体有关,同时又与各种任务、目标、活动及经验有关的知识片断。弗拉维尔将元认知知识分为以下三类。

1.有关认知主体的知识

有关认知主体的知识是指关于自己及他人作为认知加工者在认知方面的知识。这类知识又可以分为关于主体之间差异的认识;关于主体内部差异的认识;关于主体认知水平和影响认知活动的各种主体因素的认识。

2.有关认知任务的知识

有关认知任务的知识是指认知主体对认知活动的要求和任务的认识,包括认知任务所提供信息的性质、任务的要求及目的等方面的知识。

3.有关认知策略的知识

有关认知策略的知识是指认知主体在进行认知活动时，对所采取的有效认知方式的认识。

(二)元认知体验

元认知体验是指在认知活动发展过程中，认知主体所经历的认知体验和情绪体验。这种体验在认知活动的各个环节都有发生，既包括成功时喜悦的体验，也包括失败时沮丧的体验。

根据不同的分类标准，可以将元认知体验分为有意识和潜意识的体验以及持久性和瞬间性的体验。需要特别强调的是，喜悦的体验可以引导和深化认知活动，而沮丧的体验则有可能会使认知活动终止。

(三)元认知控制

元认知控制是指认知主体对进行中的认知活动所进行的积极的监视、控制与调节。元认知控制实际上就是个体实施认知活动时对元认知知识的运用。总的来说，元认知控制包括以下三个方面。

1)计划。根据认知活动的特定目标，认知主体在认知活动之前计划各种活动，预计结果，选择策略，想象各种解决问题的方法并预估其有效性。

2)监视。在认知活动中，认知主体正确估计自己达到认知目标的程度，根据认知目标及时地评价认知活动的结果；根据有效性标准评价各种认知行动、策略的效果。

3)调节。认知主体根据对认知活动结果的检查，采取相应的补救措施；根据对认知策略的效果检查及时调整认知策略。一般来说，元认知控制与认知目标、认知课题和情境等因素有着密切的关系。

在具体的认知活动中，元认知知识、体验和监控相辅相成、相互作用，构成一个互动的统一整体，从而对认知活动进行宏观上的监控、反馈与调节。

元认知知识既为积极的元认知体验提供了条件，又积极参与了元认知监控过程，对认知活动起着一定的导向作用。元认知监控产生的结果也影响着元认知体验的产生，同时在监控中不断被调整与修正，修正后的认知策略又会变为元认知知识的内容。

二、认知加工理论

认知加工理论也是翻译认知心理学的重要理论依据之一，下面介绍认知加工的系统与模式。

(一)认知加工系统

认知心理学重视对认知加工的研究，试图探讨人类行为的基本心理机制。这种探讨的核心是研究输入与输出之间发生的内部心理过程，也就是认知加工过程。下面对认知加工系统进行详细论述。

1.认知加工系统的本质

纽厄尔与西蒙(Newell & Simon,1972)认为，人和计算机的信息加工系统都是符号操作系统，主要由感受器、效应器、中央处理器、记忆装置四部分组成，如图4-1所示。他提出了以下两个观点。

第一，大脑的认知加工和计算机的信息加工都是符号操作系统。这就意味着大脑可以像计算机一样通过把仅有的几种操作作用于符号，加工信息仍以符号形式储存，加工结构和过程可以直观地表示成流程图（或称为"箭框模型"）。

第二，计算机的基本原理是对输入符号进行编码、加工、存储和输出。认知心理学可以通过计算机的信息加工原理来模拟大脑的认知加工及其加工模式,以弄清楚大脑的认知加工过程。

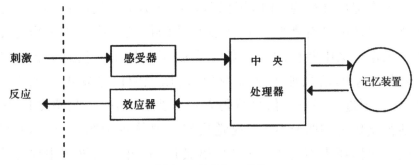

图 4-1　信息加工系统

(资料来源:颜林海,2015)

对图 4-1 进行分析可以看出,信息输入的设备主要是指感受器。信息加工系统的控制主要是受中央处理器控制,其决定着信息加工的目标、计划与实施。记忆装置主要针对的是人类的个人知识(或特指长时记忆)。长时记忆是人类信息加工系统的重要组成部分,内存大量的信息。信息加工系统对信息进行反映主要依靠效应器,其是控制信息输出的设备。

对整个信息加工系统进行分析可以看出,记忆在其运行过程中有着重要的影响作用。下面就着重对记忆的相关知识展开分析。

2. 记忆作为认知加工系统的重要成分

记忆是大脑对过去经验中发生过的事物的反映,是新获得行为的保持。有了记忆,人才能积累经验、扩大经验。

(1)记忆的分类

艾特金森和雪弗林(Atkinson & Shiffrin,1968)把记忆分为感觉登记、短时储存和长时储存三种存储方式,也就是感官记忆、工作记记忆和长时记忆。

感官记忆是指外界刺激信息以"原型"的方式投射到人类感觉器官上所形成的记忆。投射到人类的感觉器官的信息只能维持数十毫秒至数百毫秒的时间。由于每一种感觉器官的生理构造及功能不同,信息接收方式也就不同,因此感官记忆实际上是一个多感官记忆系统。

工作记忆又称为"短时记忆",是信息加工系统的核心。由于在感官记忆中只有那些经过注意筛选的信息才能进入工作记忆所以工作记忆中储存的信息就是大脑正在加工的信息。根据纽厄尔与西蒙的信息加工系统,感官记忆中的信息要进入工作记忆,就必须进行编码。信息编码方式主要有两种:一是感觉代码,包括视觉代码和听觉代码,视觉代码主要体现为图像方式,听觉代码主要体现为声音方式;二是语义代码,语义代码则主要体现为语词方式。

工作记忆的容量有限,持续时间短,一旦不"工作",其中的信息便会消失,因此工作记忆中的信息只能存储在长时记忆中。要把信息存储在长时记忆中就必须对信息加以复述和编码。

工作记忆的主要功能是对来自外界的信息进行识别、提取、存储等加工。识别意味着要把外来信息与已有信息进行对比,而已有信息是存储在长时记忆中的,这就要求工作记忆从长时记忆中提取信息才能对比。

长时记忆就是可以长时间保存信息的记忆。长时记忆的容量无限大,持续时间长久。长时记忆包括层次网络模型和扩散激活模型两种存储模型。

奎廉(Quillian,1968)提出的层次网络模型认为,语义记忆的基本单元是概念,每个概念由一系列语义特征组成,而这些语义特征本身又是概念。一个上位概念可以用一系列下位概念来说明,而每一个下位概念也都有自己的下位概念。用线把所有相互关联的概念联结起来,便构成一个网络,网络中所有概念节点按照各自在网络中的上下位关系形成一定的等级层次。

科林斯和洛夫特斯(Collins & Loftus,1975)提出的扩散激活模型吸取了层次网络模型中的概念网络的观点,但抛弃了概念层次等级结构的观点。扩散激活模型以语义联系或语义相似性将概念组织起来。网络中概念之间的联系通过连线加以联结。连线的长度与概念之间的紧密程度成反比,连线越短,概念之间的联系越紧密,概念之间的共同特征越多。

(2)记忆的信息加工系统

加涅(Gagnel,1985)提出的记忆信息加工系统包括接收、编码、操作、提取、利用知识,如图 4-2 所示。

每个阶段使用不同的认知策略。周围环境刺激首先作用于人的感觉器官,并提供丰富的感官信息。然而,由于人的感官记忆接受信息的量具有一定的限度,因此并非所有的感官记忆信息都可以进入工作记忆中。因此,在感觉登记阶段必须运用集中注意策略对进入感官登记的感官记忆加以筛选。所谓编码,是对信息进行转换,使之获得适合于记忆系统的形式加工过程,而经过编码所产生的具体信息形式则称作"代码"。

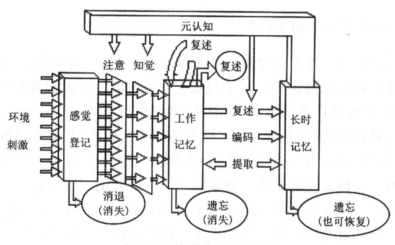

图 4-2 记忆的信息加工模型

(资料来源:颜林海,2015)

在编码的作用下,信息才能够被记住,但是并不是所有进入记忆中的信息都会被编码。信息编码与否和认知主体对事物的注意力以及对事物不同侧面的记忆有关。未被编码的信息就会逐渐被遗忘。从记忆加工过程来看,大脑会对输入的信息进行三种水平的加工:结构编码、音素编码及语义编码。三种加工依次深入,从而完成对信息的处理过程。

(二)认知加工模式

知觉是对各种感官感觉加以整合的认识。大脑首先接收事物的个别属性,然后对其加工并形成对该事物的整体认识。知觉具有对刺激物的定向、选择、组织和解释等作用。

知觉是进行认知加工的主要因素,其主要利用感觉器官将从环境中取得的信息转化为对物体、事件、声音、味道的经验。这就是说,知觉是客观事物直接对人体感觉器官进行作用,然后利用大脑对客观事物整体进行反映。认知心理学十分关注信息加工模式。具体来说,信息加工模式包括自下而上加工和自上而下加工。

1. 自下而上加工模式

自下而上加工模式的信息流程是从构成知觉基础的较小知觉单元到较大知觉单元,或者说从较低水平的加工到较高水平的加工,因此这种类型的加工又称为"数据驱动加工"。

具体来说,自下而上加工模式是指从具体实例、事件到概括化、抽象化的过程,从而捕捉具体实例之间的共性,是一种归纳的过程。这种模式是在外部刺激的作用下展开的。首先是对较小的知觉单元进行分析;其次转向较大的知觉单元。在一系列连续加工后从而对感觉进行刺激解释。这种解释需要调动认知主体过去的知觉经验。

2. 自上而下加工模式

自上而下加工是指根据一般规则对具体实例进行推断,是一种推理的过程,不断吸收和消化新的、与预测相吻合的语篇信息,可以消除歧义或对新信息做出最佳解释。

自上而下加工是指从有关知觉对象的一般知识开始的加工,由此可以形成期望或对知觉对象的假设,这种期望或假设制约加工的所有的阶段或水平。由于是由一般知识引导的知觉加工,因此较高水平的加工制约着较低水平的加工,这种加工又称为"概念驱动加工"。

在具体的知觉过程中,自下而上加工模式和自上而下加工模式相互作用、缺一不可。没有自下而上加工模式的参与就没有信息的输入,没有自上而下加工模式的参与则会增加信息加工的负担。

三、翻译认知心理

(一)翻译认知心理的神经机制

人类活动的产生与发展都是在大脑的支配和控制下进行的。翻译是一种认知心理活动,同样也受到大脑的作用。对神经成像技术和神经机制进行分析有助于了解译者的心理活动,从而促进翻译过程的进行。

1.神经成像技术

认知神经科学兴起于 20 世纪 90 年代,是一个边缘性学科,是认知科学和神经科学相结合的新兴学科。认知神经学科主要是用来阐明人类大脑如何调用各个层次上的组件,包括分子、细胞、脑组织区和全脑去实现自己的认知活动的科学。在研究方法上,认知神经科学利用各种技术结合认知心理学的实验设计来对大脑功能和结构进行研究。这些技术包括神经成像技术如正电子发射计算机断层显像(Positron Emission Tomography,PET)和功能性磁共振成像(Funtional Magnetic Resonance Imaging,fMRI)。现代认知神经科学实验为翻译心理学的建立提供了实验证据。

(1)正电子发射计算机断层显像(PET)

PET 是目前国际上最尖端的医学影像诊断设备,也是目前最先进的医学影像技术。这种技术的基本原理是将极其微量的正电子核素示踪剂注射到人体内,然后采用特殊的体外测量装置来探测这些正电子核素在体内的分布情况,通过计算机断层显像方法显示人的大脑、心脏及人体其他主要器官的结构和代谢功能。PET可以获得高分辨率、高清晰度的活体断层图像,因此可以用来显示和分析大脑认知活动状况。

(2)功能性磁共振成像(fMRI)

fMRI是用来研究大脑功能结构的技术,其基本原理是当大脑处于活动状态时,神经元和神经胶质细胞的生物化学过程会快速增强,特别是突触的离子流处于高速活动状态,这时突触部位会有大量的能量消耗,需要额外补充葡萄糖和氧,这会导致大脑局部脑血流(regiona cerebral blood flow,rCBF)的增加。这样,通过观察rCBF变化情况及大脑局部代谢率(regional cerebral metabolic rate,rCMF)的变化(如用PET技术)或脑血流中血氧含量的变化(如用fMRI技术),就可以得到大脑各区域神经活动的情况。

fMRI与PET两种技术所根据的原理和方法虽然不同,但二者都是通过生理属性来间接测定大脑活动,即当大脑的一个区域活动增加,则该区域的大脑供血和含氧量就会增加。两种技术研究的结果具有较好的一致性。同时,这两项技术已被广泛地用来研究人的语言和记忆系统。

2. 翻译神经机制

神经机制是指主体在认知事物时大脑皮层各区域相互作用的过程和功能。因此,翻译神经机制就是指译者翻译状态下大脑双语表征状况以及大脑活动状况:前者主要关注译者心理词汇的组织形式及其大脑表征区域、双语切换路径及其大脑活动区域;后者则关注译者翻译状态下大脑的控制活动状况。

(1)译者的双语表征及其切换机制

要了解译者翻译状态下的神经机制,可以利用PET和fMRI技术对译者在语言刺激下的大脑双语表征以及双语切换机制进行研究。语言刺激主要集中在三个语言层面，即词汇层、句子层和篇章层；或者说，语言刺激包括词汇加工、句子加工和故事加工。词汇加工主要探索双语者心理词汇组织形式及其双语词汇切换路径。句子加工涉及句法结构。故事加工旨在探讨双语者的语义加工。

（2）翻译机制控制

翻译涉及词汇搜索、词汇提取、语言选择或抑制等大脑活动。所以，翻译是一种复杂的、从源语解码到译语编码的认知活动过程。而这些活动都与大脑的某一区域活动有关。

通过对翻译进行神经图像研究，克莱恩和扎托里等（Klein & Zatorre et al.，1995）发现，无论是语内还是语际词汇生成、无论是语义还是语音搜索，左额叶和后侧前额叶皮质都受到了激活。这表明词汇搜索和提取会激活大脑的某一具体区域。

普赖斯（Price，1999）等的研究表明，翻译过程除了引起大脑皮质活动的增减外，还诱发了基底核和小脑的激活，这表明翻译过程存在着行为控制和抑制机制。

翻译和同声传译诱导出来的大脑激活主要侧重于大脑左半球，具体地说是左腹外侧前额叶皮质。翻译方向不同，脑区激活也就不同，如正向翻译（L1→L2）时，脑区激活范围较多，包括左腹外侧前额叶皮质、颞下回和前运动皮质和右小脑。

左腹外侧前额叶皮质检索语言信息。勒特尼恩等（Lehtonen et al.，2005）利用 fMRI 对句子翻译过程进行研究，发现在进行语义加工时，左腹外侧前额叶皮质受到激活，这表明该脑区皮质司职检索、控制来自后联合区信息的功能。

左腹外侧前额叶皮质对语言信息检索极为重要而右腹外侧前额叶皮质对非语言信息检索极为重要，这表明信息检索是一个目标导向下的与任务相关的知识检索过程。这些相关任务知识并不会因为刺激而自动激活，只有记忆中的刺激之间有很强的联系时才会激活。自动检索要借助于后联合区，而后侧前额叶皮质在监控和操纵工作记忆中的刺激信息时非常重要。

在具体的翻译过程中,译者并不是随时都能在译语中找到和源语对应的表达,因此自动激活和源语对应的语词可能性非常小。在这种情况下,译者需要对译语表达进行检索,从而选择和源语相对应或相接近的词汇。这个过程是译者主动控制的过程。但是,这种控制并不表示翻译中要同时兼顾词汇语义选择和句法需求。

基底核的抑制控制加工。普赖斯等(1999)和勒特尼恩等(Lehtonen et al.,2005)的研究都表明基底核被激活。根据神经语言学,基底核司职控制运动,同时对认知控制非常重要,由于基底核与前额叶皮质相互连接,因此能对额叶区进行动态调整,即只允许与任务相关的信息保存在前额叶皮质,并阻止那些干扰任务的信息。勒特尼恩等的实验还表明,被试的苍白球外侧部份被激活,该脑区主要是抑制那些竞争性反应。

对语言系统的控制对翻译有着重要的影响。因此,词汇选项的语际检索虽是由腹外侧前额叶皮质来执行,但基底核的抑制控制加工促进了语际检索的实施。换句话说,语内句子阅读中的控制任务并不要求主动选择或抑制,而句子翻译激活了主动语义检索和普遍控制功能。贴切的词汇选项控制必然是翻译的核心加工。

(二)对翻译认知心理学的相关研究

1.翻译认知心理学的研究目的和内容

要弄清楚翻译认知心理学的研究目的和内容,首先必须明白什么是心理学。随着心理学的发展,心理学家都倾向于用高度概括的语言来对心理学下定义。

斯坦伯格将心理学界定为"研究心理和行为的科学"。

孟昭兰(1994)认为,"心理学是研究人脑对外界信息的整合诸形式及内隐、外显行为反应的一门科学。"

叶弈乾和祝蓓里(1994)认为,"心理学是研究人的心理现象

(或心理活动)发生、发展及其规律的科学。"

行为是指机体的任何外显的、可观察的反应动作或活动;而心理是大脑的机能,是大脑对客观现实的能动反映,这种能动反映往往体现在人的行为上。也就是说,人的任何外显的、可观察的反应动作或活动都可以看作一种心理活动。由此可见,心理学最终目的是了解人类行为活动规律,认知心理学也不例外。认知心理学是研究人类认知/信息加工的心理学,它的目的主要是探讨人类认知加工活动的规律。

就研究内容而言,认知心理学研究认知主体的心路历程和结构。心理历程是指认知主体在从事某工作时如何使用或处理知识;而心理结构是指知识在记忆中是如何储存。心理历程和结构便组成信息加工模式。

2.翻译认知心理学的研究方法

(1)追溯式观察法

追溯式观察法是指让被试在完成实验任务 20 秒后回顾翻译过程中大脑思维活动的信息(Cohen,1984)。它由两部分组成:问题设计和面谈。问题是主要针对译文和研究者的观察过程而设计的。面谈时要求被试译者一边看屏幕录像一边对其翻译过程的行为进行评价。这样有助于收集到 TAPS 过程中无法收集到的数据信息。

(2)有声思维法

依托于认知心理学的记忆理论的"有声思维法",全称"有声思维资料分析法",原本属于认知心理学实验研究中的一种数据收集的方法,它要求被试译者在解决一个或多个难题时大声说出大脑思考的内容,研究者通过录像机或录音机将被试译者所说的话录下来,然后转换为可分析的书面文本。

艾里克森和西蒙(Ericsson & Simon,1980)认为,信息在记忆中储存的方式是不同的,储存能力和信息提取方式也各异。只有短时记忆中的信息才能直接提取并通过有声思维报告出来。

贝纳迪尼（Bernardini，2001）认为，"只有即时思维有声化才能详尽地反映被试在执行一个相对长的任务时的心理状态。"这里的"执行任务"就是要解决问题。

凡·索米伦（Van Someren，1994）认为，"解决问题就是一个认知过程，最常用的方法就是有声思维法。"他还认为，解决问题就是去回答一个不能直接找到现成答案的问题。无法找到现成答案有两种原因：一是无法直接从记忆中提取出来答案，只能从记忆中所存储的信息来建构答案；二是找到解决问题的答案很多，但无一合适。由此可见，解决问题就意味着必须从记忆中的已知事实和知识去推解新信息，从而做出接受还是拒绝这些预案的选择。因此，解决问题涉及两种推理：建构和证明解决方案。

有声思维法的最大局限性在于，被试译者在实验中口述思想可能干扰正在进行的思维活动。具体地说，被试译者可能因为要口述出自己的翻译思维过程而影响翻译进程。莱德宁（Rydnin，2002）在实验中发现被试译者不太习惯有声思维翻译法，这种方法与真实翻译环境不同，被试译者往往感到非常别扭。因此，为了避免有声思维对思维进程的影响，真实地了解翻译过程，研究者们采用影像观察法。

（3）影像观察法

影像观察法实际上是对有声思维法的一种完善。

影像观察法的优点在于可以直接观察到被试译者在翻译过程中的一举一动和面部表情。影像观察法分为两个步骤：首先，研究者现场观察和记录整个翻译过程；其次，整个翻译过程被全程录像以备实验结束后进行详尽的分析。劳弗（Lauffer，2002）认为面部表情和身体语言可以用来指向翻译过程中的心理活动。影像观察法除了可以把被试译者的有声思维录下来，同时可以把被试译者的其他举动如咨询同事、查询其他书面参考资料记录下来。

影像观察法的弱点也比较明显，那就是研究者现场记录和录像也会影响被试译者的翻译，让被试译者感觉在一种非自然状态下进行翻译。

第二节 翻译理解的认知本质

一、理解的内涵

德金(Durktn,1993)将理解定义为"文本和读者之间通过互动建立意义的有意识的思维活动。"因此,理解就是一个意义生成的过程。当然,这并不意味着读者可以随便生成意义,而是要从文本中先获取、再确认、后生成意义的过程。这里的互动是指读者、文本和语境之间的互动,这三者是相互联系的,文本内容激活读者的先知识,读者的先知识受制于语境。在不同的语境下,读者有可能偏离文本做出不同的理解,有可能与文本内容一致,也有可能添加了读者的阐释,还有可能因社会环境而形成偏见。

由此可见,理解是一个复杂的意义生成的认知加工过程。任何认知加工都是建立在人的认知能力基础之上的。所谓认知能力,就是指接受、处理信息的能力。认知能力受主观因素、客观因素的影响。主观因素就是指读者的先知识,即对世界的认识,包括语言意识、社会经验、兴趣和目的。客观因素包括语篇目的、语篇类型、语篇结构、语言特征等。

二、翻译理解的认知本质

理解时建立在情景模型和赋予意义的过程中,是语篇和读者相互作用的过程。具体来说,翻译理解的认知本质体现在以下六个方面。

(一)意义分配的过程

意义分配的前提是译者自己本身存储有先知识或意义。意义分配从本质上说就是译者在线阅读时根据自己的先知识加以动态解释。

意义分配的过程实际上就是译者根据自己的先知识,为语篇及其语篇单位配置暂时意义的过程。意义分配的过程既可以发生在语篇建构阶段,也可以发生在语篇整合阶段。这就导致了翻译理解可能会因译者而异。

(二)记忆加工的过程

由于感觉记忆和工作记忆容量有限,译者理解时有可能把小单位的意义整合成大单位,直到工作记忆缓冲器装满为止。既然翻译理解是一个记忆加工的过程,那么翻译过程的操作单位也可以命题为翻译单位。

(三)激活先知识的过程

译者只有理解原文的心理表征意义,并且积累原文相关的知识,才能真正理解原文。所以,德莱顿(Dryden,1992)认为只有精通双语的诗人才能翻译诗歌。不同的译者由于先知识的不同,理解也就不同,翻译结果也就不同。

(四)情景模型的建构过程

任何语篇都有情景模型表征,因译者的理解过程也就是建构情景模型的过程。译者在对语篇分配意义时,都是通过激活旧的事件模型或情景模型来升级和建构新的事件模型或语篇的情景模型。一旦形成或更新语篇的(心理)模型,语言使用者就可能生成这些模型,并建构更加概括的、更加抽象的知识结构。每一个模型都是独特的,同一个人对同一个语篇可以做出不同的解释。由于不同的译者具有不同的先知识,他们整合的情景模型往往也不同。

(五)在线阅读和动态解释的过程

只有在译者阅读时,语篇才具有意义。动态解释认为,翻译理解是一个线性输入的过程，随着输入的增加，理解在不停地变化；或者不同的译者由于先知识的不同，知识激活量也不同，赋予语篇的意义也不同；或者同一个译者在不同时候可能对同一个语篇做出不同的解释。这是因为译者在理解语篇时进行了不同的意义分配。

(六)语篇宏结构建构的过程

既然译者理解时把小单位的意义整合成大单位，那么语篇可以看作一个由文本命题库构成的网络结构。译者在理解过程中可以通过一系列的宏规则，重新建构整合出原文宏结构层次关系。

第三节　翻译理解的认知机制

一、译者的心理机制

翻译理解的目的在于透过语言形式获取篇章信息、了解作者意图。要了解译者的理解过程，必须先了解译者的心理机制。

当译者在阅读原文时，大脑同时进行许多任务的加工。当读到第一个字母时（以英语为例），读者立刻把它与字母库中的字母加以比对，直到识别正确，再继续另一个字母的解码。一旦成功解码出第一个词，译者心里便会对整个词进行重新构建，因为词并不是所有连续性字母的总和。这种词定位并不意味着意义定位，它只不过是词本身的心理表证。一个词可以用其表证或记忆表象来替代。这个加工过程不仅仅取决于每个字母和词习得的熟悉性，而且也取决于对字形结构、音位结构的熟悉程度。这样，译者就把所看到或听到的词加以成功解码。解码出的词再与心理词库中词的视觉和/听觉形式加以比对。一个音如有一个以上的拼写形式，就会导致"同音异义"；一个词如有不同的意义，就会形成"同形异义"。因此，解码时必须考虑单词的发音、拼写是否有误，书写是否清楚。

根据加涅的观点，外来信息以原始的形态暂存于感觉记忆，长时记忆或先知识网络中的相关内容被激活并被调出来辨认输入信息，外来信息与长时记忆中被激活的信息一起进入工作记忆进行辨认加工。对外来信息的辨认、加工需激活译者的先知识。当外来信息进入工作记忆时，另一部分信息消失，一部分信息和长时记忆中的信息重新组合。翻译理解是译者对外来视觉/听觉信号进行加工和处理的过程。同时，译者对原文的认知加工首先受到翻译意图的控制，而翻译意图的监控决定了各种信息的处理方式。其次译者在辨认、理解视觉/听觉信号输入时，必须调用自己的知识网络。

综上所述，翻译理解机制就是译者通过解码获取源语意义的认知加工过程。

二、翻译理解的具体认知机制

具体地说，翻译理解认知机制可以描述如下。

（一）译者重构原作意图

译者通过视觉/听觉接收话语形式，并通过神经生理活动转化为语码之后，由大脑的语言中枢进行解释，理解源语所要传达的思想感情。不同的译者可能会有不同的理解，因此解码活动是复杂的。接收和解码往往是结合在一起的，二者并不完全是被动的。理解是一个积极而非被动的心理过程，在这个过程中，译者旨在重构作者的意图。

（二）译者进行猜测与假设

当文本输入时，译者对原文文本作者的可能意图和意义只能做出一些假设和猜测。在理解阶段,译者在阅读/听到原文文本时是通过背景、百科知识包括专业领域知识和文本惯例来理解文本中特征、意图和意义的。

(三)译者产生整体效应

原文文本的词汇一旦进入大脑,便产生整体效应。所谓整体效应,并不是一组词或一个孤立的元文本,而是一组心理的而非言语的实体。这就意味着,人们的心理存在着一种内部编码,这种内部编码就是心理词库。

在上述认知机制的作用下,翻译才能向着后面的方向发展。因此可以说,翻译理解的认知机制是后续翻译实践的前提。

第四节 翻译理解的认知加工模式

翻译理解需要译者从具体的原文本中获取信息和语义。具体来说,这个理解过程包括对词汇的理解、对句子的理解、对语篇的理解,对词汇的理解是指激活译者心理词库并进行词汇提取,句子和语篇的理解有各自的理解机制、信息加工模式、理解分析策略。下面就从不同角度对翻译理解的认知加工模式进行总结。

一、基于信息加工方向的角度

从信息加工方向的角度可以将翻译理解的认知加工模式分为翻译理解的自下而上加工模式和自上而下加工模式。

1)翻译理解中自下而上的加工是指译者首先是从一个个字、一个个词、一个个句子逐步处理,最后才得出文章的意义。简言之,翻译中的自下而上加工方式就是先理解单词、再理解句子结构,最后理解语篇。

2)翻译理解中的自上而下加工模式是指译者首先利用有关

世界的知识、语言知识和对主题的了解来理解整体意义,用语境来猜测生疏项目的意义,然后再仔细研究意义是如何表达的。

简言之,"自上而下"的理解加工模式是一个首先构建全文的语义图式,了解文章的背景和作者的意图,用较高语言层面上的理解帮助较低语言层面的理解的方法。从加工流程来看,自上而下加工模式强调对文章的重构,而不重视形式的理解。就翻译理解而言,要求译者带着知识、兴趣、动机和对文章的态度与文章、作者交流。理解也就是互动交流的过程。在翻译理解中译者会根据自身原有的知识、经验结合当前的直观信息进行主动的选择、体验、预测、验证和确定。

如果译者对翻译的原文文本是陌生的,他的先知识中未存储相应的概念图式,就可能使用自下而上加工模式来理解。反之,译者更可能采用自上而下加工模式来理解。

当然,译者在理解过程中不会只用一种加工模式,而往往会交互使用这两种加工模式,这种交互使用"自上而下"和"自下而上"的加工模式就是图式加工。

二、基于信息加工媒介的角度

从信息加工媒介的角度出发可以将翻译理解的认知加工模式分为横向加工和纵向加工。

由于译者的先知识既有源语环境的知识也有译语环境的知识,因此译者在理解加工模式上会出现横向加工和纵向加工。译者在理解过程中什么时候采用横向加工还是纵向加工,并没有严格的标准界定,只能从译语表达和加工耗时来分析。但可以确定的是,译者 L2 的流利程度和使用频率越低、使用范围越小、先知识越欠缺,横向加工模式使用频率越大。但这并不意味着,L2 流利程度高的译者不使用横向加工。

所谓横向加工,是指译者受到源语语言符号的刺激后,直接激活的是源语符号对应的译语符号,而不是自下而上加工时激活的源语符号所指向的内部言语信息。

所谓纵向加工,是指译者通过对源语符号的解码获取该符号所指向的信息,然后用译语符号对所获取的信息加以编码。简言之,纵向加工是先解码后编码的过程,解码过程即理解过程,编码过程属表达过程,因此译者纵向加工时的理解过程与普通的阅读理解过程并无二致。

第五节　翻译认知的加工系统

翻译认知的加工系统带有复杂性和独特性。这是因为翻译是双语认知加工的过程,具备单语加工模式的特点,也有双语加工模式的特点。下面从翻译信息加工系统、翻译图式加工模式、翻译语言加工模式三个方面进行分析。

一、翻译信息加工系统

认知心理学将信息加工的过程看成是计算机信息加工的过程。以此为出发点,翻译信息加工业可以用流程图进行展现,从而构成翻译信息加工的模式。一个完整的翻译过程可以用如图4-3所示的翻译认知加工模型来描述。

通过对图4-3分析可以将翻译过程分为前翻译阶段、语码转换和后翻译阶段等三个阶段。每一个阶段都是按信息加工模型进行加工,只是不同阶段的加工任务各不相同。

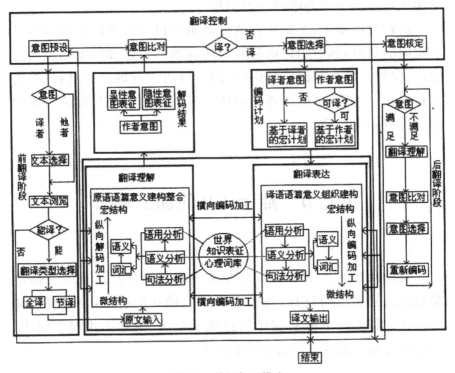

图 4-3　认知加工模式

（资料来源：颜林海，2015）

二、翻译图式加工模式

翻译理解和翻译表达都涉及译者的先知识，而先知识是以图式的形式存储在人的记忆中，就像网络一样相互缠绕、包含、嵌入。因此，翻译过程也是图式加工的过程。

所谓图式，鲁梅尔哈特（Rumelhart，1980）指出图式理论是关于知识的表征方式及其如何有利于知识的应用的理论。由此可见，图式理论涉及两个方面的内容：一是关于人的知识是如何存储；二是关于知识在认知过程中是如何加工的。翻译过程是一个先理解后表达的过程。

(一)翻译理解中的图式加工

在图式理论的指导下,译者的理解是译者、作者、翻译文本相互作用的过程。

译者若想和文本进行互动,需要在语言图式、内容图式、修辞图式方面存在共通性。语言图式是译者进行翻译的基础,同时是内容图式、修辞图式的外在表现形式。译者和作者进行互动交流中离不开语言图式的作用。语言图式起着重要的中介作用。具体来说,缺乏语言图式,译者就算具备再丰富的内容图式和修辞图式,也无法和作者展开沟通,如图 4-4 所示。

图 4-4 缺乏语言图式的翻译理解

(资料来源,颜林海,2015)

这有两点原因:一是指作者与译者既没有共同语言图式,也没有共同的内容图式和修辞图式;二是译者与作者有共同的内容图式和修辞图式但没有共享的语言图式。无论哪种情况,译者与作者无法建立起互动,既无法自上而下地加工,也无法自下而上地加工。

完美的理解应是译者和作者/文本在三种图式上完全重叠,如图 4-5 所示。

图 4-5 完美的翻译理解

(资料来源,颜林海,2015)

由于在理解过程中,译者与作者是一种互动过程,因此完全重叠只是一种理想。绝大多数情况如图 4-6 所示。

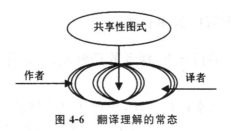

图 4-6　翻译理解的常态

（资料来源,颜林海,2015）

事实上,任何翻译理解在某种程度上都与作者/文本有所出入。由于不同的译者在三种图式上的理解程度不同,译者的图式内容与作者/文本图式内容就形成一种动态的张缩性。

(二)翻译表达中的图式加工

1.翻译表达与图式的联系

在翻译表达中,译者需要利用理解获取原文内容信息,并最终通过译入语表达出来。

翻译的表达和写作过程有所不同。翻译表达不仅需要译者考虑原作者的表达意图,同时要考虑译语的表达形式和译语的接收。写作过程则只需把自己想表达的东西用连贯的语言表述出来即可。

具体来说,译者必须解决以下问题:是否具备足以表达某一命题的译语词汇量、有无充足的句法知识、谋篇布局的能力以及和主题相关的信息。

上述内容都是以图式的形式存储在人的记忆中,就像网络一样相互缠绕、包含、嵌入。人的知识是以图式的形式储存于大脑中。大脑所接收的各种各样的新信息均以图式编入网络中。网络中的图式包罗万象,大小不等,相互联系地储存在长时记忆中。

2.图式中的知识

图式是头脑中的"先存知识"或"背景知识",包括陈述性知识和程序性知识。这两类知识作用各有不同,陈述性知识往往可以起到监控作用,而后者指操作方法。就翻译表达而言,译者怎样把通过理解获取的信息内容用译语表达出来必须受到译者的大脑中先存知识的监控。这就表明了译者的先存知识即图式的重要性。因此,译者必须同时熟悉原文图式和译文图式。

陈述性知识分为高水平陈述性知识和低水平陈述性知识。高水平陈述性知识即为图式,低水平陈述性知识包括命题、表象和句法等。就低水平陈述性知识而言,不同的文体在词汇、句式、修辞、结构等语言特征上往往不同。

3.图式加工的过程

由于译者在大脑中建立了一套源语和译语的语言图式网络系统,因此理解阶段获取的内容信息往往会激活相应的图式,并将相关知识保持为激活状态。激活状态为信息的加工储存提供了一种框架,译者依据这种框架做出预测。译者在图式的知识框架中根据原文的内容和文风去预测译语的语言表达方式,即依靠句法、语用和语义规则,把输入的信息组合成单词、词组和句子,并用译者已有的相关知识图式监控。威多森(Widdowson,1983)认为,"图式是认知构架,它将信息井井有条地储存在长时记忆中,为预测提供依据。图式是一种主动的信息加工装置,它是大脑过去知识的储存方式,因此它与人类的记忆结构相联系"。

具体来说,在翻译表达过程中,如果输入的信息和译者脑海中的记忆结构一致,表达就会很顺畅。图式理论为翻译表达提供了一定的参照体系。在获取信息的过程中,原文信息内容与译者头脑中的知识图式交汇融合,构成新的更具体的图式,从而在译者的大脑中形成原文文本的抽象文本,即图式文本。凡与图式无关的信息被删减掉,并对信息进行重建。译者不知如何表达时,可以利用相关的知识图式对这些信息进行合理地补充和整合,可减轻大脑记忆的"库容",加速对过去事物的回忆。

翻译表达中,译者首先需要激活脑海中不同层面的知识图式,从而缩短心理词汇的提取时间,加快信息加工的速度。译者对源语表达的概念和脑海中的译语图式进行对比时，知识图式能够激活译者的知识。当信息匹配失败时，译者会通过一系列策略对新的图式进行修正，然后进行重新比对。

三、翻译语言加工模式

翻译的过程还是一个信息加工的过程，也就是译者在语言或语音的刺激下进行记忆加工的过程。这个过程涉及翻译的语言加工模式。

(一)翻译中的语言加工模式

翻译中的语言加工模式主要可以分为单语加工和双语加工两种类型。

1. 单语加工

语言活动涉及语言的产生和语言的理解，在上述过程中都离不开以下五个方面的语言加工活动：概念、语义特征、语法编码、语音编码和言语输出。

1)概念是词或符号在大脑中产生的意念，它是词和其他语言项目所表示的抽象意义。

2)概念可以分解成一系列语义特征。

3)词汇是概念的语义特征的视觉编码，它不仅表征了概念的语义特征而且还表征了该词在某一语言中的语法信息。

4)语音是对词汇的声学编码，通过声波传递概念信息。

语言系统的每一个层面都带有自己的特征，这些特征可以使用"节点"来表示。概念便是由不同语义节点所共同构成的。在人类的长时记忆中，不同的阶段按照一定的强度相互联结。每一个语义特征都至少可以对应一个语法编码和语音编码。语音编码也就是词汇，词汇是由不同语音节点在音位规则作用下组合起来的承载概念信息的视觉编码符号。

2.双语加工

翻译的过程也是双语加工的过程,是语言产生和语言理解有机结合的过程。在翻译中,通过语言理解所获取的概念与翻译表达的概念具有同一性。因此,翻译加工过程的路径可以由语言理解和语言表达的路径进行合并而成。

具体来说,翻译过程中语言理解的开端是以源语输入为标志,结束则是以概念输出为标志。语言表达的开端是以源语理解输出的概念输入为标志,结束则是以译语输出为标志。从加工方式的角度出发,语言中既存在自下而上的翻译理解加工过程,也存在自上而下的翻译表达加工过程,同时带有横向翻译加工过程。从词汇选择过程的角度出发,翻译过程中的激活加工要比单语激活加工复杂。翻译过程路径如图 4-7 所示。

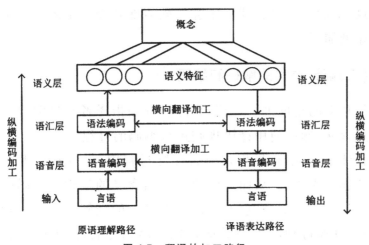

图 4-7　翻译的加工路径

(资料来源:颜林海,2015)

(二)翻译中的信息加工模式

翻译理解的过程包括原文理解、语码转换和译文输出三个步骤。根据斯特恩伯格(Sternberg,1966)的信息加工模型,信息加工可以分为平行加工和序列加工。

平行加工是指测试项目与记忆集中的全部项目同时进行比

较,被试译者的反应将不会随识记项目数量或记忆集的大小而发生变化。序列加工是指测试项目与记忆集中的诸项目逐个地进行比较,那么被试译者的反应将随着识记项目增多或记忆集增大而增加。

在翻译过程中,原文可以比作信息刺激的测试项目;而心理词库和世界知识好比记忆集;语码转换好比信息加工中的测试项和记忆项的比较选择;译文输出相当于被试面对刺激而做出的反应。因此,翻译过程也就是一种信息加工的过程,翻译信息加工方式也可以分为平行加工和序列加工。

翻译过程中的平行加工和序列加工是相互作用、相互联系的。对于译者来说,源语符号既可以激活源语心理词库,同时可以激活译语心理词库。源语符号直接激活译语心理词库就是平行加工。源语符号先激活源语心理词库,然后再获取该符号的语义信息,最后对译语心理词库进行激活展开译语编码。这个过程就是序列加工。

(三)翻译过程的解码和编码

从狭义的角度进行分析,翻译过程是指译者通过解码获得源语信息含义,然后使用译语规则进行编码的过程。

具体来说,解码是指在语言交际过程中,译者利用大脑思维将声波还原为语言,从而理解源语话语含义的过程。解码的过程是一种认知心理活动,也就是通常意义上的理解。受话人接收话语形式,并通过神经生理活动转化为语码之后,由大脑语言中枢进行解释。这种解释包括发话人所要传达的思想情感。解码受到语境的制约,需要进行一定的推理,同时舍去不必要或者虚假的信息。

不同的译者对于文本会有不同的理解。接收与解码是相互结合而成的。人们一般是一边接收一边解码,同时接收和解码并不是完全被动的。在受话人接收信息之前,往往已经在语境的作用下预测了发话人将要表达的语言内容。

　　编码是指为了表达某种语言信息,在语言中寻找相关词语,并按照语言语法规则进行编排的过程。

　　由于翻译的过程是译者在认知和心理的作用下展开的语言理解与编码再现过程,因此从心理学视域对翻译认知进行分析与研究十分重要。无论是对于译者主观翻译还是翻译研究都有着积极的影响和作用。

第五章　翻译心理学之语言认知理解

　　语言认知理解是指对语言知识的获得与使用。语言知识的获得即存储;语言知识的使用即提取。从本质上说,翻译就是一种认知活动,必然涉及语言知识的获得与使用,更离不开译者对语言知识的理解。本章主要围绕词汇、句子、语篇三个层面来探讨翻译心理学中的语言认知理解。

第一节　词汇认知理解

　　在翻译过程中,译者需要从长时记忆中对知识进行存储与提取,否则翻译活动就无法继续。本节围绕译者的记忆表征进行讨论,主要涉及心理词汇系统与双语的心理词汇提取模型。

一、心理词汇系统

(一)心理词库

　　卡洛(Carroll,2000)认为,储存在长时记忆中的词的知识就是心理词库,词汇的发音、拼写、意义以及与其他词的关系等都属于心理词汇特征的范畴。

　　在阿奇森(Aitchison,1994)看来,词汇的心理表征就是存储在长时记忆中的词汇,包括高频词与低频词。其中,高频词是心理词汇中的常用词。

　　心理词库与纸质词典既有相似之处,又存在诸多差异,主要表现在以下四个方面。

1)心理词库的提取速度快。相对来说,纸质词典的提取速度慢。

2)从内容方面来看,纸质词典的容纳量是固定的。正如词典编撰家塞缪尔·约翰逊(Samuel Johnson)在《英语语言词典》(*A Dictionary of the English Language*)中所说,"只要舌头还能说话,就没有哪部词典是完美的,因为当词典在出版时,有些词也正在生成,而有些词却在消亡。"相比较而言,心理词库常常处于不断变化之中。

3)纸质词典中的词义常常是孤立存在的,也难以体现近义词的区别。然而,人们的心理词库则可以很快进行区分。

4)纸质词典内容枯燥、信息简洁,难以体现词的使用频率与相关句法知识。但是,人们凭借心理词库能够实现快速判断与识别。

(二)心理词汇组织

简单来说,词汇连接方式就是心理词汇组织。心理词汇连接是一个复杂的语言加工过程,涉及语言理解、言语存储、言语搜索和言语产出(Aitchison,1994;McCarthy,1990),是一个从听到一个词到产生另一个词的心理加工过程,因而是一个相对复杂的语言加工过程,并非可观察的简单的行为事件。

词由语(句)法、语义与语音三者统一构成,很多学者都对心理词汇的连接与组织方式提出了自己的看法。

纳丁格(Nattinger,1988)认为,词汇之间的联系体现在意义、语音、视觉与学习经历等方面。

阿奇森认为,心理词汇是"以一个巨大的多纬度蜘蛛网形式连接,网中每一个词项都与许多其他词项黏附连接"①,因此有四种连接方式,即同义连接(如 starved-hungry)、上下位连接(如 butterfly-insect)、搭配连接(如 salt-water, butterfly-net)和并列

---

① Aitchison, J. *Words in the Mind: an Introduction to the Mental Lexicon*(2ⁿᵈ ed.)[M]. Oxford: Blackwell, 1994:82.

— 103 —

连接(如 salt-pepper,butterfly-moth)。同时,阿奇森还提出,语义场或语义是心理词汇连接的纽带。其中,语义场包括搭配连接词、并列词、同义词等。

麦卡锡(McCarthy,1990)对阿奇森的语义场连接模型进行了批评,他认为其并不适用于双语心理词汇。在麦卡锡看来,L2语学习者有可能在相当长的一段时间内无法形成搭配连接,而是趋向于用相似性语音与L2建立联系。因此,语义连接模型"过于简单化",其范围只涉及同义关系、上下义关系、纵向组合与横向搭配。麦卡锡把心理词库比拟成计算机,提出了一个"三维"连接模型。具体来说,语音连接、词汇连接与语义连接是词汇组织的三个维度,包括词类连接、语音连接、上下义关系、同义关系、搭配、并列等心理词汇组织方式。

索克门(Sokmen,2002)提出,许多词可以诱导出"情感"连接,而情感不仅包括个人的过去经验与情感,还涉及意见与视觉。换句话说,学生可以凭借态度、情感或者强烈记忆来形成词汇连接。

优玛莫托(Umamoto,1997)在词汇连接测试中发现,被试者把以下词汇连接在一起。

white-birth	sea-freedom
cook-fail	back-future
zoo-date	mountain-kiss

这些配对连接在语义上看是无意义连接,但也可以解释为"情感"连接。情感连接往往不能仅仅凭词汇之间的关系,而可能根据学习者的个人经历做出的判断。

麦卡锡根据自己的经历也指出,个体之间在词汇连接上存在着巨大差异。此外,心理词库不仅像计算机更新知识一样随时变化,还常常因人而异。正如麦卡锡所说:"心理词库不是静止不变的,而是不停地接受新输入,并整合到已经存在的存储记忆中;不仅加入新的词汇,而且补充已有词汇的信息……意义网络和连接网络不停地改变和重新调整;编织新的连接、加强旧的连接。"①

如果说阿奇森的心理词汇组织模型主要针对和适用于 L1,那么麦卡锡的模型则是针对和适用于 L2。实际上,译者通常可以同时具备两种心理词汇组织的特征,但源语词汇往往激活不止一个译语词汇信息,所以找到两种心理词汇的激活路径就成为关键环节,译者双语心理词汇提取则成为两种语言心理词汇之间的激活路径。

二、翻译过程中双语的心理词汇提取模型

译者的认知层面特征具有十分广泛的范畴,既包括表征层次、表征和加工之间的差异,又涉及完成不同任务所需的认知表征和加工方式。此外,认知表征和加工方式在不同阶段中改变形式也是其重要内容。以认知特征为假设,心理词汇提取模型主要包括词汇连接模型和概念媒介模型、修正型层次模型与再修正层次模型、概念特征模型以及事件记忆模型等。

(一)词汇连接模型和概念媒介模型

波特(Potter,et al.,1984)等提出了两个双语表征模型,即词汇连接模型和概念媒介模型。在词汇连接模型(图 5-1)中,与概念有直接联系的只有 L1,L2 若想与概念层建立联系,必须通过 L1 词汇库。

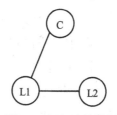

图 5-1 词汇连接模型

(资料来源:颜林海,2015)

---

① McCarthy, M. *Vocabulary*[M]. Oxford:Oxford University Press,1990:42.

在概念媒介模型(图 5-2)中,假定 L1 和 L2 共享一个概念系统,二者提取概念可以直接、独立地进行。换言之,L1 和 L2 字词之间具有相同的概念表征。

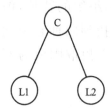

图 5-2　概念媒介模型

(资料来源:颜林海,2015)

上述两种假设通过实验来验证,即翻译任务和图片命名。具体来说,在翻译任务实验中,实验者向被试者呈现一个词后,被试者立即用另一种语言说出该词。在图片命名实验中,实验者向被试者呈现一张图片,被试者用 L2 说出该图片的名称。从实验结果来看,无论双语者对语言的掌握是否流利,二者在两个实验中的耗时均无明显差异。由于这两项实验只进行了 L1→L2 的翻译任务,但未能进行 L2→L1 的实验,克罗尔和斯特华特(Kroll & Stewart,1994)通过修正型层次模型与再修正层次模型进行了修正。

(二)修正型层次模型与再修正层次模型

克罗尔和司特华特提出了修正型层次模型。在他们看来,双语记忆存在着两个独立而又相互连接的心理词库(图 5-3 中 L1 和 L2)。这一模型的假设条件是:当方向不同时,词库连接的强度也不同。相应地,两种语言中的词与概念连接强度也不相同。需要特别说明的是,强势连接在图中用实线箭头来表示,弱势连接则用虚线箭头来表示。不难发现,L1→L2 词库连接是一种弱势连接,而 L2→L1 词库连接是一种强势连接即自动连接。

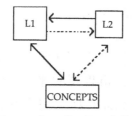

图 5-3　修正型双语层次模型

（资料来源：颜林海，2015）

实验结果显示，L1 到 L2 的翻译主要依靠概念媒介模型，而从 L2 到 L1 的翻译主要依赖 L1 与 L2 之间的词汇连接。这再次验证了波特等所认为的单纯的命名任务不需要经过概念层。

但是这种模型受到来自赫里迪尔（Heredia）实验结果的挑战。赫里迪尔实验中的被试者是能够流利使用西班牙语—英语高度的双语者，用高频词和具象性不同的词进行翻译任务实验。研究结果表明，在翻译具象性高的词时，L2→L1 的逆向翻译快于 L1→L2 正向翻译；但在翻译具象性低的词时，L1→L2 正向翻译快于 L2→L1 的逆向翻译。赫里迪尔认为出现这种逆反结果的原因是克罗尔的修正模型对高级双语者的双语记忆是无能为力的。因为高级双语者的 L2 处于强势语言地位时，仍然可以直接和概念系统建立自动连接，从而快速提取概念。因此，赫里迪尔对克罗尔的修正模型进行了再次修正（图 5-4）。再修正模型引进了强势语和弱势语概念而取消了 L1 和 L2 概念，从而解释了他的实验结果与克罗尔和司特华特的修正模型逆反结果。

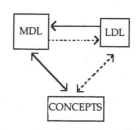

图 5-4　再修正双语层次模型

（资料来源：颜林海，2015）

(三)概念特征模型

德·格鲁特(De Groot,1992)提出了概念特征模型,这是一种双语记忆表征模型。在格鲁特看来,一系列语义特征构成了一个概念,所以一对翻译字如果具有完全相同的语义特征,那么这对翻译字就完全等值。

德·格鲁特认为,正向翻译(L1→L2)(forward translation)常常受很多因素的影响,如刺激词的词长(length)、同源性(形音相似度)(cognate status)、词频(word frequency)、熟悉度(familiarity)、定义准确性(definition accuracy)、语境可用性(context availability)以及具象性(image ability)等。强调对翻译等值词之间的特征分布的描述是概念特征模型的鲜明优点,其劣势也是不可避免的,即抽象性词汇常常受文化影响而比具象词具有更大的翻译差异。

德·格鲁特以词的具象性为例进行了实验,其实验假设为:词的具象性越高,不同语言的词的特征分布就越相似;反之,词的具象性越低,不同语言之间词的相似性特征分布就越低。研究结果表明,抽象词在逆向翻译(L2→L1)中明显比正向翻译快;具象词在正向翻译(L1→L2)中比逆向翻译快。这表明抽象词与具象词在翻译过程中具有完全不同的翻译路径,抽象词比具象词更多的是依靠词汇层面的直接连接,而具象词更多的是依靠概念层连接即以概念为媒介进行词汇提取。

德·格鲁特还以同源词(即分享同一个词根的词)和非同源词进行了翻译任务实验。该实验假设由于在词形和意义上具有很大的重叠性,同源词对翻译任务具有促发效应。实验结果证实了这种假设,即同源词的翻译任务反应时间比非同源词的翻译任务时间短。

然而,德·格鲁特的实验无论是具象性与非具象性词翻译任务实验还是同源词与非同源词的翻译任务实验都是建立在翻译等值概念之上的。这就意味着一对翻译字之间的语义完全相等。

但事实上并非如此。维兹比卡(Wierzbicka)认为这是因为某些词背后所代表的概念具有文化特定性。一种语言中的词很难在另一种语言中找到完全与之相对应的词来表达其含义,即使字面意义上看似等值,其含义也并不相同。

(四)事件记忆模型

为了改进概念特征模型的弱点,Jiang 和 Forster(2001)提出了事件记忆模型。根据该模型,记录词汇信息的词汇记忆模块和事件记忆模块是两个分离的记忆模块。L1 * 和 L2 * 分别表示 L1 和 L2 词汇的事件记录。如果 L2 词在词汇记忆模块中只有事件记录信息而没有词汇记录信息,则 L2 的事件记录即 L2 * 就只能激活事件记忆模块中对等翻译词 L1 * 。因此,L2 的词汇系统与 L1 词汇的语义系统建立连接,而无法和 L2 的语义系统建立连接。正是这个原因,L2 学习者对 L2 词汇语义系统的理解完全有可能与 L2 的母语者的理解不同。

综上所述,每种词汇提取模型都是按心理词汇的激活路径进行的。由于激活路径必然与两种语言相关,因此也必然与译者的心理要素、推理能力、双语语言意识具有密切联系。由此可见,译者以一定的心理词汇提取路径为词汇信息进行提取的过程就是翻译中的词汇理解过程。

第二节　句子认知理解

句子具有语法性与意义性,二者对句子含义的表达起到同等重要的作用。因此,句子认知理解必然包括句法分析和语义分析两方面。

一、句子理解的机制与策略

(一)句子理解的机制

概括来说,句子理解的机制主要包括自下而上机制与自上而下机制,且这两种机制都是借用了计算机的"堆栈"来模拟的。所谓堆栈,是指一种执行"后进先出"算法的数据结构,即"先进后出,后进先出"。

1. 自下而上机制

在翻译过程中,译者通过视觉/听觉器官输入原文句子的过程就是一个自下而上的加工过程,其句法分析过程如图 5-5 所示,具体包括以下步骤。

步骤 1:将堆栈清空,即 Stack=[]。

步骤 2:将单词输入,即 Stack=Word;Word 缩写为 W。

步骤 3:单词语法范畴化,即 Categorization,缩写为 C。图 5-5 中,将 man,woman 归为名词 N;将 saw,reads 等归为动词 V 的过程就是单词语法范畴化的过程。

步骤 4:将范畴入栈,即 Stack=[C]。此时,对一个词的句法加工就暂时结束了。要想对另一个词进行加工,则应采取步骤 5。

步骤 5:输入选择。此时,如果栈内不止一个词的语法范畴,即 i=i+1,则进行下一步骤。如果栈内只有一个词的语法范畴,即 i=1,则回到第二步进行循环。

步骤 6:简化加工。根据栈内各个语法范畴之间的关系进行短语化或结构化的过程就是简化。例如,用 PP 表示介词短语,用 AP 表示形容词短语,用 VP 表示动词短语,用 NP 表示名词短语,用 S 表示句子。C 表示栈内的各语法范畴序列关系,而任何语法范畴之间的序列关系都可以简化成一定的结构即 XP。

步骤 7:将 XP 结构压入栈内。

步骤 8:对短语结构进行选择。如果 XP=S,则句子加工成功并结束。如果 XP≠S,则回到步骤 5,进行词汇输入选择。

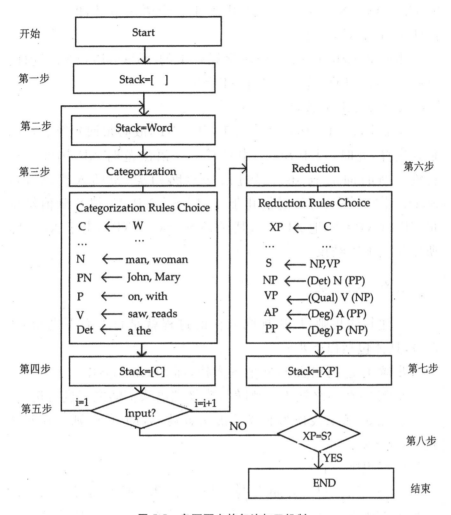

图 5-5 自下而上的句法加工机制

(资料来源:颜林海,2015)

以句子"the woman reads"为例来说明自下而上的句子加工过程。

步骤 1,清空 Stack,即 Stack=[]。

步骤 2,输入词 the,即 Stack=the

步骤 3,单词语法范畴化,the 属于限定词 Det。

步骤 4,范畴入栈,即 Stack=[Det]

步骤 5,输入选择,由于 Stack 中只有一个语法范畴 Det 即

i＝1,因此回到第二步循环即输入另一个词,循环到第五步,此时,Stack＝[Det,N]。由于 Stack 中不止一个语法范畴,即 i＝i＋1,因此进行第六步加工。

步骤 6,简化加工,根据简化规则中的 NP←(Det)N,栈内的 [Det,N]可以简化为[NP],即 XP＝NP。

步骤 7,XP 入栈,即 Stack＝[XP]。

步骤 8,短语结构选择。由于 XP＝NP,故必须回到第五步的输入选择,此时,由于 Stack 中只有一个语法范畴 NP,因此必须再输入新的词汇 reads。经过语法范畴归类、范畴入栈,此时,Stack＝[NP,V],再经过简化加工,即 S＝NP,V,把 S 赋值给变量 XP 即 XP＝S;把 XP 压入栈顶即 Stack＝[XP],由于 XP＝S,所以句法加工结束。

2. 自上而下机制

先建句法规则、后压规则入栈的过程就是自上而下机制(图 5-6),具体包括以下步骤。

步骤 1:建构句法 S,并把 S 入栈,即 Stack＝[S]。

步骤 2:在前终端语法范畴与非终端语法范畴之间进行选择。

步骤 3:如果栈顶为非终端语法范畴 N,即 if N,则选择句法规则:N→R

句法规则有:

N 表示可以进一步拆分为介词短语 PP、形容词短语 AP、动词短语 VP、名词短语 NP、句子 S 等语法范畴;用来重写 N 的语法范畴符号为 R,表示是 N 的直接构成成分。

S→　NP,VP

NP→(Det)N(PP)

AP→(Deg)A(PP)

PP→(Deg)P(NP)

VP→V

VP→(Qual)V(NP)

AP　→　（Deg）A（PP）

PP　→　（Deg）P（NP）

VP→　　V

VP　→　（Qual）V（NP）

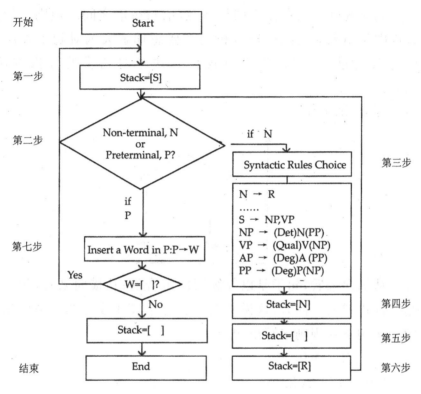

图 5-6　自上而下的句法加工机制

（资料来源：颜林海，2015）

步骤 4：将 N 压入栈顶，即 Stack＝[N]。

步骤 5：将 N 从栈中予以清除，即 Stack＝[]。

步骤 6：将 R 压入栈顶，即 Stack＝[R]。循环至步骤 2，直到找到前终端语法范畴为止。

步骤 7：如果无法找到终端单词，则该句法加工失败，此时应返回步骤 1，重新建构句法直到每一个前终端语法范畴 P 位置上都能找到终端词 W 填充，即 W≠[]。如果前终端语法范畴 P 为栈顶,则在句中找到终端单词(W),填充入该终端词的前终端语法范畴位置P,即P→W,然后将已经找到终端单词的前终端成分P从栈顶中清除。

(二)句子理解的策略

句法规则是指存在于词与词、短语与短语之间的规则。句法策略则是用来对句法进行分析的。要想理解大脑对句子表层结构的解析过程,应首先了解现代句法学对句子的分析方法。例如:

The girl left.

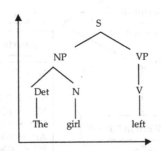

从纵向来看,句子是以等级层次组合的;从横向来看,句子则是线性排列的。同时,这说明人类的思维是非线性的。现代句法学常运用下列规则来写出句子。

S→ NP+VP

NP→DET Adj. N

NP→NP Conj. NP

PP→P NP

PP→PP Conj. PP

VP→V NP PP

VP→VP Conj. VP

不难发现,现代句法学无论在句层还是短语层都存在一个中轴(head)。例如,句子以限定动词的曲折变化形式或助动词为中轴;形容词短语以形容词为中轴,动词短语以动词为中轴,名词短语以名词为中轴。

在翻译过程中,译者可以采取以下策略对句子结构进行分析,这些策略是可以交叉使用的。

1. 词缀策略

词根与词缀在英语中具有十分广泛的意义。其中,词缀可以细分为前缀与后缀以及屈折词缀与派生词缀。因此,词缀既可用来寻找句子的中轴,又可用来对词类进行判断,从而将句子分为VP与NP。词缀策略的意义在于理清层次、区分主从与紧缩主干。例如:

Wolves dogged sheep.

由于 dogged 中含有-ed,被试者很容易就判断出其是动词的标志,并很快找到了句子的中轴。

2. 助动词策略

根据现代句法学的观点,助动词与限定动词的屈折词缀一样,都可以看作句子的中轴。所以,助动词也可帮助读者找到句子或小句的中轴。例如:

The train will arrive.

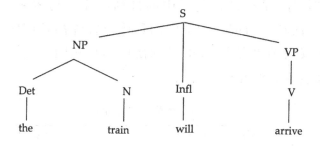

3. 词类策略

简单来说,词的语法分类就是词类。汉语中的词主要可分为虚词与实词两个大的类别。其中,语气词、助词、连词、介词等属于虚词,叹词、代词、副词、量词、数词、形容词、动词与名词等属于实词。英语中的词也可分为虚词与实词。其中,连接词、冠词、介词等属于虚词，叹词、代词、数词、副词、形容词、动词与名词等属于实词。

读者在进行母语阅读时，并不一定对文章中的词进行词类分析。然而，"只要他们能够熟练地阅读，它们就具有关于词类的暗含的知识以及关于词类与它们在句中的句法作用的关系的知识"（张必隐，2002）。译者在翻译时常以自己已有知识为前提来进行词类分析。例如：

Wolves dog sheep.

在大多数人的理解中，wolves，dog 与 sheep 均为名词，因此将三个名词连成句子是与英语句法相违背的。因此，其中必然有一个词为动词，这样才能使句子成立。根据主谓一致原则以及对人称、数、时代等因素的综合考虑，可以判断 dog 为动词。

需要特别说明的是，运用词类策略时应对词义、分布与屈折变化进行综合考虑，否则极易做出错误判断。正因为如此，戴炜栋提出词的分布是更加可靠的划分词的标准，而仅仅靠词义和词的屈折变化来断定词类并不是绝对可靠的。

4.词序策略

所谓词序，是指词在句子中的排列次序。具体来说，词的分布、词的句法功能与词在句子中的具体位置等都是词序的表现形式。在英汉两种语言中，词的排列次序不尽相同。汉语成分的分布序列如表 5-1 所示。

表 5-1　汉语成分的分布序列

句型	句子成分分布序列	符号代码
SV	状,定主语状动补	adv,mS advV c
SVC	状,定主语,判断合成谓语	adv,mS BE complement
SVO	状,定主语状动补定宾补	adv, mS advVadv mO adv
SVoO	状,定主语状动定宾定宾补	adv, mS advV mO mO adv
SVoC	状,定主语状动定宾兼语	adv, mS advV mO C adv

英语成分的分布序列如表 5-2 所示。

表 5-2 英语成分的分布序列

句型	句子成分分布序列	符号代码
SV	状,定主语定状动状	adv,mSm advVadv
SVC	状,定主语定 be 主补	adv,mSm be Complement
SVO	状,定主语定状动定宾定状	adv, mSm advV mOm adv
SVoO	状,定主语定状动定宾定定宾定状	adv, mSm advV mOmmOm adv
SVoC	状,定主语定状动定宾定宾补状	adv, mSm advV mOmC adv

众所周知,句子具有一定的意义性。但是,句子的意义需要考虑句子组成部分之间的顺序,而并非各组成部分意义的总和。例如:

A tiger killed the man.

The man killed a tiger.

上述两个句子由相同的词汇构成,但是意义不同。这是因为词序发生了变化。同时,词序不同意味着该词在句中所起的句法作用不同。

5.转换规则策略

转换规则的使用能够帮助读者与译者通过分析句子的表层结构来找到深层结构。对译者来说,就要"识别修饰成分与被修饰成分,判断各成分之间的内在联系,确定各自的修饰范围"。[①]

一般来说,常见的转换规则主要包括以下几项。

(1)移位规则

移位规则通常包括两种:助动词移位(倒装)、疑问词移位。

助动词移位规则为"Move Infl to C."通常适用于一般疑问句。例如:

---

① 刘宓庆.英汉翻译技能训练手册[M].上海:上海外语教育出版社,1987:70—71.

The train will arrive.

这个句子的结构树如下。

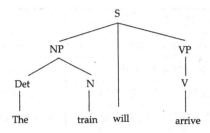

Will the train arrive?

本句可这样理解，将"The train will arrive."这个句子中助动词进行移位，则原助动词位置成为空位（empty 或 *e*）。本句的结构树如下。

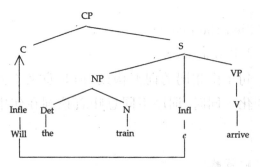

将疑问词移至 CP 就是疑问词移位。具体的步骤是先将助动词进行移位，然后再将疑问词移位于助动词之前。例如：

What languages can you speak?

本句可由 you can speak what languages 移位而成。具体来说，首先将助动词移位如下。

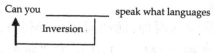

然后再将疑问词移位如下。

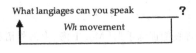

（2）插入规则

假如一个句子中没有助动词，那么其必须插入助动词 do 并对助动词移位规则加以运用才能构成一般疑问句。例如：

Do birds fly?

本句可理解为在"Birds fly."中插入助动词 do，然后再经移位而形成。具体来说，应采取以下两个步骤。

步骤 1：插入助动词 do，得到如下句子。

Birds do fly.

步骤 2：助动词移位，得到如下句子。

Do birds fly?

上述各句的结构树如下。

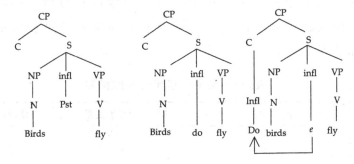

（3）删除规则

简单来说，删除规则就是将某些句子成分予以删除。例如，将陈述句中的主语删除后，可得到祈使句。请看下例。

Be careful.

本句可看作将句子"You will be careful."中的 You will 予以删除而成。

（4）复制规则

对某些句子成分进行复制就是复制规则。例如，对主句部分的主语和助动词进行复制，就可以得到一个附加疑问句。请看下例。

He is coming, isn't he?

本句可看作将句子"He is coming."中的 He is 部分进行复

制，并进行适当处理后而得到的。本句的结构树如下。

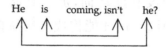

二、句子的语义

除语法性之外，句子还应具有意义性。所谓意义性，是指句子所含命题的语义。

（一）语义命题分析

句子语义分析就是对句子的语义命题进行分析。命题分析常常采用命题函数来标记。英语中七个简单句及其相应的命题函数如表 5-3 所示。

表 5-3　英语简单句的命题函数

简单句	句子变量	命题函数
John walks. ［John 散步］	x walks	Walk(x,)
John is handsome. ［John 很漂亮］	x is handsome	Handsome(x,)
John is a bachelor. ［John 是一个单身汉］	x is a bachelor	Bachelor(x,)
John hit Bill. ［John 打 Bill］	x hit y	Hit(x,y)
John is in Paris. ［John 在巴黎］	x is in y	In(x,y)
John gave Fido to Mary.［John 把 Fido 给 Mary］	x gave y to z	Give(x,y,z)
It rains.	( ) rains	Rain()

（资料来源：颜林海，2015）

句子以命题形式寄存在大脑的记忆中,相同的命题结构可以有不同的句子表征形式。例如,Hit(John,Bill)就具有以下一些表现形式。

John hit Bill.［John 打了 Bill。］

Bill was hit by John.［Bill 被 John 打了。］

The one who hit Bill was John.［是 John 打了 Bill。］

It was Bill who was hit by John.［是 Bill 被 John 打了。］

(二)语义策略

一词多义的现象在英语中较为常见。为了准确确定词义,就必须借助对语境的分析。所谓语境,是指出现于词、短语,甚至较长话语、语篇前后的内容。语境对于理解词或短语的特定意义,消除句子的歧义十分有利。例如:

He went to the bank.

因为缺乏特定语境,本句既可理解为"他去河堤了",又可理解为"他去银行了"。

He went to the bank for water.

(他去河堤取水去了。)

He went to the bank for money.

(他去银行取钱去了。)

除语境策略之外,常用的语义策略还包括实词策略、成分分析、信息分布策略等。

第三节　语篇认知理解

凡是理解都旨在获取语篇的交际意图或语篇意义。因此,翻译理解重在分析话段、句子是怎样实现交际意图的,这就要求对语篇进行认知分析。

一、语篇认知要素

语篇心理学家们（Graesser et al.，1997）认为，把复杂的模型建立在普通认知理论上是十分必要的。正如凡·戴依克（Van Dijk）所说，"认知分析是指对那些可以用认知概念如各种心理表征来阐释语篇属性的分析。"①

一般来说，语篇理解通常涉及以下语篇认知要素。

1）知识网络结构。知识以节点的网络形式表征出来。知识网络中节点呈扩散激活状态。一旦网络中一个节点被激活，激活便被扩散到邻近节点，再从邻近节点扩散到邻近节点的邻近节点，依此类推。如果读者没有存储与语篇内容相关的知识，就会导致理解困难。

2）记忆存储。语篇理解是一个记忆加工的过程。语篇理解的重要信息在工作记忆中呈循环状态。

3）语篇焦点。意识和注意焦点集中在语篇表征中一个或两个节点上。

4）共鸣。当存储在语篇焦点、工作记忆中的内容与文本表达的内容或长时记忆内容高度匹配时，便会形成共鸣。

5）节点的激活、抑制和消除。理解句子时，语篇结构和长时记忆中节点被激活、加强、抑制和消除。一般来说，熟识程度高的词汇比熟识程度低的词汇加工速度快。

6）主题。主题是指语言使用者赋予或从语篇中推导出来的整体意义，不同的读者对主题具有不同的理解。

7）连贯。语篇连贯不仅仅是指语篇全局连贯，也指语篇的局部连贯。连贯是指序列命题之间的意义关系。连续通常包括两种。一种是所指连贯或外延连贯，即语篇涉及事件的心理模型；另一种是内涵连贯，即基于意义、命题及其关系的连贯。

---

① 颜林海.翻译认知心理学（修订本）[M].北京：科学出版社，2015：118.

8)隐含意义。隐含意义指从语篇中的词、短语、小句或句子实际表达的意义推导出来的命题。由此可见,隐含意义离不开推理。

9)词汇的言外之意。言外之意是读者根据自己的文化、知识赋予一定词汇的评价和看法,有利于激活读者或译者的审美观点与社会知识。

10)读者目的。读者持有不同目的时,其会对语篇的理解和记忆带来不同影响。

二、翻译语篇理解加工步骤

翻译的语篇理解过程通常包括以下六个步骤。

1)源语语篇在线阅读。源语语篇在线阅读实际上就是语篇内容通过视觉或听觉器官在注意的关注下,把语篇内容提取到工作记忆中进行加工。

2)意义分配。意义分配的过程是一个动态阐释的过程。具体来说,当把语篇内容提取到工作记忆进行加工时,译者给语篇单位配置暂时的意义。此时,译者主要依据语境、语篇结构、话题、句法、词汇等自己的先知识。

3)意义单位整合。单个的词汇意义可以向命题整合;单个的命题可以向命题序列整合;命题序列可以向命题网络层次整合等。当短时记忆缓冲器装满时,意义单位整合加工基本停止。

4)事件记忆建构。把整合成更大的信息块以语篇表征的形式存储在事件记忆中。

5)情景模型建构。从本质上来看,理解就是模型建构。文本只有在译者能够建构其模型时才具有意义或才能被理解。理解过程随着译者采用的交际情景模型(语境模型)的改变而改变。语境模型告诉译者语篇的目的,语篇参与者及其作用,参与者知道什么,不知道什么,语篇理解的环境等。这些是理解语篇语调、词汇和句法风格等不可缺少的语篇属性。

6) 模型更新。一旦形成或更新语篇的心理模型，译者就可能生成这些模型，并建构更加概括、更加抽象的知识结构。

以上六个步骤并非指语篇理解的先后过程而是指理解过程的心理活动。需要特别说明的是，上述心理活动常常是同时进行的。

第六章　翻译心理学之心理认知表达

从本质上说,翻译表达属于一种认知加工的过程,即从源语中获取的概念信息、意图等用译入语来表达。简单来说,翻译的认知表达就是译语生成与产生的过程。想要完成这一过程,就需要了解翻译表达的认知本质,掌握语篇翻译的表达。本章对这两个方面进行分析和探究。

第一节　翻译表达的认知本质

翻译表达是对解码获取的信息加以译语编码,其中必然存在着翻译表达的认知机制、翻译表达过程中的词汇选择机制。本节从这两大层面来分析。

一、翻译表达的认知机制

翻译表达是一个言语生成的过程。一般来说,言语生成过程包含概念化过程、言语组织过程、发音过程这三大子过程。概念化过程即要求言语者明确自己运用什么语言来阐述概念。在这一过程中,言语者对相关信息加以选择,从而传达出特定的目的和意图。言语组织过程即为所表达的概念选择恰当的词汇,从而建构词汇的发音结构、语义结构、语法结构。发音过程即将所选择的词汇通过发音器官的肌肉运用用外显的声音来表达,包含内部言语组块的提取过程以及运动的执行过程。当然,翻译表达也需要经历上述三个子过程。但是需要指出的是，翻译表达的认知机制包含逆向翻译表达过程(L2→L1)与正向翻译表达过程(L1→L2)。

(一)逆向翻译表达机制

逆向翻译表达心理机制也就是 L1 生成机制，这里可用勒韦(Levelt,1989)的 L1 言语产生模型[①]来说明。

1.概念生成器

在勒韦的言语加工模型中，概念生成器主要负责生成交际意图，并加以编码生成某种连贯的概念计划。要生成交际意图等信息就必须提取知识：百科知识、交际语境知识、语篇话题知识等。

勒韦(1989)区分了信息计划过程中的两个阶段：宏观计划和微观计划。[②] 宏观计划指检索信息，包括生成言语行为意图，如叙述一件事情或表达一种观点。微观计划是指把信息分解成更小的概念"块"，这些"块"被赋予正确的命题形式和信息观点，如叙述一件事情，可以用多种语句来实现。这种宏观/微观计划的结果就是语前计划，即有组织的概念结构，但此时的概念结构呈非语言状态，是下一个加工单元即构成器的输入内容。下面通过图 6-1 来了解 L1 言语产生模型。

---

① Levelt,W. J. M. *Speaking:From Intention to Articulation*[M]. Cambridge, MA:MIT Press,1989:22.

② 同上.

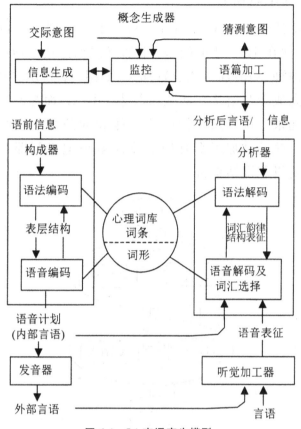

图 6-1　L1 言语产生模型

（资料来源：Levelt，1989）

2.构成器

构成器负责信息的语法编码和语音编码，并向词库发送信息。语前命题组织激活心理词库中对应的所要表达的各种信息块；一旦激活，言语生成器便负责把信息块转换成语言结构即编码。语法编码是指根据语法环境进行的词汇检索、词汇排序和词汇调整的认知机制。句法加工包括词汇选择或检索和句法结构。词汇选择和检索是语法加工不可缺少的部分，因为词汇往往携载词的结构和句法位置信息。音位编码是指根据音位环境进行语音检索、语音排序和语音调整的认知机制。

（1）语法编码加工

关于语法编码加工，勒韦在 1983 年的模型中并没有详细说明。因此，他在 1994 年的模型①中加以详细论述。他把语法编码加工分为两种：功能加工和位置加工，如图 6-2 所示。功能加工一方面将信息成分与语法功能联系起来，另一方面与心理词库中的词项联系起来。位置加工把语法功能和词条与句子结构和词形联系起来。这两种加工都有词汇或语素登记机制即词汇机制和生成词序的机制即结构机制。

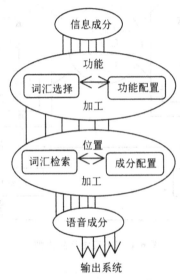

图 6-2　语言生成系统

（资料来源：Bock，K. & Levelt，W. J. M.，1994）

功能加工是由两种机制即词汇机制和结构机制来执行的。词汇机制司职词汇意义的选择；结构机制司职词汇的句法功能配置。词汇选择就是找到适合表达说话者意思的词条。词的选择同时激活了该词的语法信息或语法特征。换句话说，功能加工同时激活词汇机制和结构机制。结构机制会根据被激活的词的语法特征对该词进行功能配置，功能配置决定了不同的短语具有不

① Bock，K. & Levelt，W. J. M. Language production：gammatical encoding[A]．*Handbook of Psycholinguistics*[C]．San Diego：Academic Press，1994：945—984．

同的语法作用。功能配置包括分配句法角色如主格、受格、与格等格短语,如代词 we 被激活,就同时给 we 配置主语的功能,如果激活的是 us 或 me,就赋予了它们宾语功能。

位置加工涉及词汇检索(激活一个词的音位特征的图式描写)以及词和语素的序列层次结构的定位(成分聚合)。词汇检索包括激活占据一定句法位置的词汇语素和语法语素。词汇语素通常俗称词汇单位,它们表示诸如下面这些词汇特征:音节数、主重音、音位组合。语法语素包括曲折语素和封闭性词类。在构建句子"A guy offered him some licorice."时,a,-ed 和 some 不可或缺。显然,缺少曲折语素和封闭性词类这类错误很少出现在词位替换和词位调换中。位置加工中还包括成分配置。成分配置就是对短语成分和屈折语素在句法结构(树形结构)中的位置进行配置。句法结构呈等级层次。这个等级层次在语言生成中控制着词的归类和排序,并给各成分的依附关系加以句法功能编码,如句子"A guy offered him some licorice."中的等级层次如图 6-3 所示。

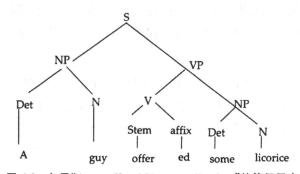

图 6-3 句子"A guy offered him some licorice."的等级层次

(资料来源:颜林海,2015)

功能加工和位置加工为词汇检索提供了理论依据。词汇检索即词汇提取,类似查词典。它实际上是对词条进行定位,即在心理词库中检索和选择能表达意思的词。心理词库中的词条是按语义而不是按字母组织的。在心理词库中,每个词条都详细说明了语义和句法信息(词条),形态和语音信息(词形)。词条定位产生词与词搭配的基本信息,包括词类(如名词、动词、形容词)及其他语法信息，如英语名词的单/复数、可数与不可数，动词的及物与不及物等。这些特征可以决定词汇的句法属性。一旦找到词条信息，就必须根据句法要求对词的形态加以调整。

（2）语音编码加工

流畅的语调是说话中必不可少的。要达到这点，英语说话者必须控制语速，重音节和非重音节的相对时间、振幅变化、基波（频）变化。决定这些情况的因素多种多样。卡特勒和伊萨德（Cutler & Isard，1980）把这些因素分为四类：单词的重音模式、句子主重音位置、句法结构、各种语用因素（包括语篇结构、言语行为、说话者态度等）。[①] 韵律的问题涉及两个因素。第一个因素是句法结构对韵律界限具有决定性作用。句法结构和音律结构之间的关系很明显，体现在停顿、言语舒缓以及句法分断时振幅和基波跌降。关于这些韵律特征是否直接受制于句法结构。费雷拉（Ferreira，1993）认为词的延续时间以及其后的停顿就是韵律界限，音律界限不同于句子界限；音律表征并不取决于言语的具体语音。[②] 她发现词及其随后的停顿组成的延时不能从词的切分内容来预测：词越长，其后的延时就越短。反之，词越短，其后的停顿越长。这就意味着，韵律结构的产生与组成单个词的语音无关。

第二个因素是词重音，以及词重音在言语中的分布。派克（Pike，1945）认为，说英语的人会尽量对重音作相对的延时。[③] 节奏感通过改变强弱重音节来产生。要实现节奏感，说话者会巧妙地变换词的重音模式，或措辞时避免把连续弱音节或连续重音节叠置在一起。

生成器输出的结果为语音计划或发音计划，即内部言语。概

① Cutler，A. & Isard，S. D. The production of prosody[A]. *Language Production*[C]. London：Academic Press，1980：245－269.

② Ferreira，F. The creation of prosody during sentence production[J]. *Psychological Review*，1993，（100）：233－253.

③ Pike，K. *The Intonation of American English*[M]. Ann Arbor：University of Michigan Press，1945：22.

念生成是一个注意和记忆加工过程,成年人的单语信息是一个自动加工的过程,其加工速度是每秒 3～5 个词(每分钟 300 个词)。而 L2 者的自动性并不是言语产生的特定特征。

3.发音器

发音器是言语生成系统中一个重要部分。言语生成执行语音计划时涉及呼吸、喉部和上喉部系统。简单来说,当语音计划被激活时,所激活的内容暂时存储在"发音缓冲器"里。被缓冲的信息启动"解包"命令,即生成言语信息。说话者存储在缓冲器中的内容就是内部言语。发音器生成为显性言语。

4.听觉加工、言语理解和监控

概念生成器负责信息生成和整个言语生成过程。区别在于,说话者既提取了他们的内部言语又提取了其他显性言语。就内部言语而言,在早期阶段,语前计划是根据说话者的意图加以核对的。言语生成计划是在工作记忆中进行的。这样,说话者就可以在生成错误的言语之前发现问题。就显性言语而言,系统中的听觉主管识别表达出来的词汇,言语理解系统主管词汇意义搜索,因此听觉对言语产出的意思和形式具有监控作用。一旦检测出问题,会有几种解决办法,如问题忽略、语前信息修正或生成新信息。

(二)正向翻译表达机制

正向翻译表达实质上就是指 L2 生成过程。本质来讲,L2 生成与 L1 生成在许多方面都是相同的,因此可以用 L1 生成模型来解释 L2 生成模型。但毕竟二者还是有区别的,尤其是对那些 L2 较 L1 弱的双语者或 L2 学习者来说。区别主要体现在三个方面:L2 知识不如 L1 知识丰富完整;L2 生成系统在某些方面缺乏自动性;L2 生成往往带有 L1 的痕迹。

1. L2 概念化

勒韦的语言生成模型中,概念生成器主要有两种功能:信息生成和言语生成系统监控。克罗尔(Kroll,1993)认为 L1 和 L2 共享一个概念表征,而词汇表征则并不共享一个心理词库。① 语前计划中除了确定语言外,L2 概念化与 L1 概念化没什么区别。

2. L2 生成中的构成器

当一个人想用 L2 表达时,语前计划中的概念包含具体的 L2 细节信息。这些概念以扩散方式对相关的词汇加以激活,而且这种扩散激活过程方式与 L1 的扩散激活过程方式是一样的。例如,当说英语 man,与其意义相似的词汇都可能被激活,如能激活 person,woman,child 等词汇,也能激活"人""男人""女人"等汉语词汇。这是因为同一个概念可以用同一种语言中不同的词项或不同语言的词项来表达。

3. L2 生成中的自我监控和表达机制

上述提到的概念生成器负责监控整个言语生成过程,这个过程需要有意识的注意来监控。具体地说,生成系统有三个监控循环。一个是根据意图检查语前计划;一个是根据整个计划检查内部发声计划;一个是通过听觉—语音处理器监控外部言语。

在实际交际过程中,相较于用 L1 处理信息,用 L2 交际时会出现许多问题。以下就从 L2 使用者解决问题的策略来看 L2 表达的心理机制。

(1)替代策略

替代策略指语前信息中的一个词条可以改变或省略,并用另一个可选择的词条代替。

其一,语码转换。语码转换就是在 L2 中用 L1 词汇替代。当

---

① Kroll,J. F. Assessing Conceptual Representations for Words in a Second Language[A]. *The Bilingual Lexicon*[C]. Amsterdam:John Benjamins,1993:53—82.

学习者找不到词汇时,会用 L1 词汇来填充,如中国英语学习者在无法找到"羽毛球"的英语词汇时会说出类似"BaBa, Let's go to play 羽毛球"的句子。

其二,近似替代,即用意思上近似的词替代,如用 sky(天)代替 ceiling(天花板),用上义词 person 代替下义词 man。

其三,通用词代替或者省词法,即用泛指词代替具体词,如过度使用 things 或 stuff 一类词。

(2)简化策略

简化策略指对语前信息内容加以简略化处理。

其一,信息放弃,即丢弃未完成信息。当学习者无法提出准确的描述时,就放弃那些未完成的信息,然后继续陈述(翻译)。

其二,信息简化,即因为缺乏 L2 语言资源而放弃有难点的结构或话题。当学习者想说更多的东西,却不知道怎么说,所以只好把信息简化。

(3)修正策略

修正就是说话者对词项的概念信息加以修正,用 L1 或 L2 的语法和语音编码加工作为输出,而这些加工都有用词错误。具体体现为外国腔、生造词汇、字面翻译和"假朋友"等。

(4)重新概念化策略

重新概念化包括重组宏概念和重组微概念。

其一,重组宏概念就是放弃原来言语计划中的部分信息,根据可选用宏计划交流信息并对其加以重新建构。

其二,重组微概念就是通过提供具体实例或描述目标词或行为婉转曲折的陈述。

(5)误差修正策略

科莫斯(Kormos,1999)对 L2 语言生成中出现的错误修正类型进行了分类和区别,认为 L2 错误修正可以分为三类,即误差修正、恰当性修正和错误修正。[①]

---

① Kormos,J. Monitoring and self-repairs in L2[J]. *Language Learning*,1999, (2):303—342.

　　误差修正主要是指对信息概念化错误加以修正,信息概念化错误或者是因为信息组织不当或者是因为信息的语前编码不当。

　　恰当性修正指解决歧义性问题,以便达到准确,与先前的词汇保持连贯性而进行的修正。恰当性错误修正包括信息层次的恰当性修正、连贯性修正、语用恰当性修正和语言优化修正。

　　错误修正指对词汇构成中的错误进行修正,包括对句法结构不当,词汇问题,拼写错误等的修正。

二、翻译单位

　　翻译表达需要遵循一定的准则,即忠实和通顺。忠实是指译语的内容信息必须和源语所表达的内容信息相同。通顺是指给源语信息内容的重新编码时必须符合译语的语言规范。怎样才能忠实且通顺地对源语语码所传达的信息加以译语编码?这就涉及翻译编码的实现手段即翻译单位。

　　关于翻译单位,朱纯深指出:"好的翻译,就像好的写作,都是源自于正确地选择词汇和词序。唯一的区别是,在翻译中,正确选择是源语语篇和译语中可利用资源的结果,同时受制于源语文本和译语中可利用资源。这种正确或得当,长期以来都是翻译理论家们和翻译实践者关心的问题。……在正确性问题上,他们遇到了另一个问题:何种长度的话语才是最佳翻译实践和分析的单位,即弄清何种长度的话语最适合作为实践和分析的单位。这曾经是翻译单位这个概念下的一个核心问题。"①

　　纽马克(Newmark,1988)认为,翻译单位有整个语篇、段落、句子、小句、词组、词、语素和标点符号。他认为意译总是喜欢以句子为单位;直译喜欢以词为单位。②

---

　　① Zhu Chenshen. UT Once More:The Sentence as the Key Functional Unit of Translation[J]. *META*,1999,(3):430.

　　② Newmark,P. *A Textbook of Translation*[M]. New York,London:Prentice Hall,1988:54.

坦卡科(Tancock,1958)认为,最令人满意的翻译单位"……是较长的句子或较短的段落"。①

上述翻译单位的讨论多是将翻译过程看作一个语言操作过程,是以追求语言等值为目的的结果。实际上,翻译过程是一个信息加工的过程,翻译单位的问题就是译者在翻译过程中的注意单位的问题。

(一)命题

命题是撇开句法形式和音位形式,旨在表现语义结构的抽象的东西。命题是一个完整的陈述。例如,短语 a dog 并不完整,它只是一个物体,但 that is a dog 却是一个完整的陈述。人类是通过非语言形式的命题来存储概念的,而命题可以翻译成语言。

命题的意义扩展到小句内部单位内容,实际上就是微命题。以"高大庄严的建筑倒塌了"为例,这个句子蕴含了以下子命题。

建筑高大

建筑庄严

建筑倒塌了

可以看出,句子是一组命题的组合体。既然句子是一组命题的组合体,那么句子内部的各个命题之间也就存在某种关系,即关系命题。关系命题的作用就是产生语篇连贯性。例如:

我饿了,咱们到麦当劳去。

以上两个命题存在一种问题解决关系,即"我们到麦当劳去"是问题"我饿了"的一个解决办法。

关系命题使得句子、语篇中的所有命题呈现一种等级网络结构,处于最上层的命题就是语篇宏命题,即宏命题。

(二)命题表征

在认知科学中,心理表征非常重要,它是指人们获取概念知

---

① Tancock,L. W. Some problem of style in translation from French[A]. *Aspects of Translation*[C]. London:Multilingual Matters,1958:29—51.

识并在心里进行的归类。人类大脑中的知识信息是通过表征形式存储的。而命题就是一个或一组完整意思的抽象实体。因此，知识信息存储的形式就是命题表征。

命题是可以用多种形式表征的抽象概念，可以是线性表征，可以是声音表征，也可以是图像表征。句子形式可以不同，但只要意思相同，命题就相同。两个同义的英语句子，不管它的语法或音位的差别如何，可以说表达的是同样的命题。

根据上述说法，可以归纳出两点。首先，相同的命题可以用不同的语言来表达。例如，英语句子 snow is white 和汉语句子"雪是白色的"表达的是同一个命题。其次，同一种语言中不同的句子也可以表达相同的命题。例如：

猴子吃了香蕉。（The monkey ate the banana.）

香蕉被猴子吃了。（The banana was eaten by the monkey.）

猴子，吃香蕉吧。（Monkey，eat the banana.）

金西和凡·戴依克（Kintsch & Van Dijk，1978）主张，把语篇中的概念编码成一系列的命题。[①] 例如：

The tortoise was having a birthday party and the crow had no present to give him.

P1（HAVE tortoise birthday party）

P2（POSESS crow present）

P3（NEGATIVE P2）

P4（GIVE crow present tortoise）

(三)命题翻译单位与翻译步骤

大脑记忆加工是以命题为单位的，记忆中的知识和信息是以命题方式存储的，而翻译过程在本质上又是一个记忆的信息加工过程，那么翻译操作单位即翻译单位自然也不是具体的某种语言的句法形式而应该是命题。

---

① Kintsch，W. & Van Dijk，T. A. Towards a model of text comprehension and production[J]. *Psychological Review*，1978，(85)：363—394.

翻译理解是通过对源语解码,获取源语语篇的命题观念集;而翻译表达是把这种获取的命题观念集用译语表征出来。由此可见,命题就是译者信息加工的单位即翻译操作单位,具体地说是译者在翻译过程中的注意单位。

翻译过程可分为以下六个步骤。

第一步:命题分解。命题分解就是把源语语篇分解成命题集合,即对原文进行命题信息加工。而命题的基本构成要素是谓词和中项,命题分解要求对源语句子中所有命题进行分离。既然是命题分解,就要求从句中找出谓词和中项,即所有命题都可以分解成谓词和中项。

第二步:命题链和命题层次分析。所谓命题链,是指命题与命题之间构成的关系。通常,命题之间的关系可以分为两种:并列和从属。命题层次分析是指命题与命题之间构成的关系网络,即找出整个句子或段落或文本的命题层次网络。就语篇关系而言,要求找出哪些命题是宏命题,哪些命题是微命题。

第三步:命题小句化。命题小句化实际上就是用源语对命题重新进行语法编码。

第四步:小句翻译。小句翻译就是把从源语中分解出来的命题小句翻译成译语的命题小句,也就是对源语命题内容加以译语的语法编码。小句翻译必须符合译语的语法规范。

第五步:译语整合。译语整合是把所有译语命题小句纳入整个语篇范畴考虑,对译语命题小句命题的层次结构、信息结构、主述位结构以及命题链中各个命题之间的逻辑关系进行分析、调整。整合旨在使译语连贯流畅地保存源语命题内容。理想的翻译是在保存源语命题内容的基础上,保存源语命题的层级结构、句子的信息结构和主述位结构。这就要求对源语和译语的各命题句子的层次结构、信息结构和主述位结构进行比对,在保存源语命题内容的基础上对译语进行调整、整合和优化。

第六步:译语润饰。译语润饰是再次对源语进行的句法分析、语体分析、语用分析后对译语进行的完善。译语和源语都有各自的编码特性，因此翻译表达的过程就是源语和译语相互比较、优化选择和取舍的过程。

三、翻译表达过程中的词汇选择机制

要把命题翻译成自然语言就必然会涉及词汇选择，因为命题中的谓词和中项在自然语言中是以词汇形式出现的。因此，翻译编码离不开词汇提取或词汇选择。词汇提取或选择是连接两个世界的桥梁：非言语的思维世界和语言世界。

由于一个概念同时可能扩散激活译者两种心理词库，那么译者在词汇选择时必须面临至少两个问题：用何种语言表达概念或语义？怎样从众多被激活的词汇中选择恰当的词汇？

要解决这两个问题，译者必须有一个词汇选择机制。对此不同的学者提出了不同的观点，科斯塔等（Costa，Colome ＆ Caraazza，2000）提出了语言限定性词汇选择模型；格林（Green，1998）提出了抑制选择模型；拉·黑杰（La Hij，2005）提出了概念选择模型。

（一）语言限定性词汇选择模型

科斯塔等（2000）认为，说话就是把概念和观念翻译成由发音器官形成的语音模式。[①] 在这个"翻译"过程中，说话者必须提取适当的词来表达意图信息，而且说话者必须根据所说语言的语法属性把这些词组合在一起，最后必须找到怎样清晰表达所选词汇的相关信息。以上加工过程必然经过以下认知表征层：概念、语义系统、语法编码、语音编码和发音等。

语法编码又称为"词汇层"。言语表达的过程采用扩散激活原理。科斯塔认为语义系统是由一系列两种语言共享的语义特征组成的。而词汇层存在着两个并行词库。根据扩散激活原理，

---

① Costa，A.，Colome，A. ＆ Caramazza，A. Lexical access in speech production：the bilingual case[J]. *Psychological*，2000，(21)：403—437.

被激活的语义表征会等比例地扩散到相应的词汇节点。也就是说,概念激活语义层中一系列语义特征,而每一个语义特征又分别激活对应的词汇节点。但译者(双语者)由于有两个并行的心理词库,那么语义特征到底会激活哪一个心理词库?

在激活何种语言的问题上,有些学者认为在语义系统中存在着一个转换开关,主要司职对语义系统的激活进行开、关控制,阻止非在用语言词汇节点的激活。换句话说,译者(双语者)一次只能激活一个词库。但也有学者认为,语义系统的激活会扩散到双语者的两种语言上,与以何种语言作为反应语言无关。这就意味着,语义系统同时激活两个心理词库。但词汇选择最终只能从两种语言中选择一种语言。

根据扩散激活原理,概念激活语义系统中的一系列语义特征,而每一个语义特征分别激活对应的词汇节点。这样,一个概念就会激活若干词汇节点。而词汇选择只能从若干被激活的词汇节点中选择一个,即目标词。非目标词充当目标词的竞选者并对目标词加以干扰。这就需要一个词汇选择机制来加以控制。对双语者而言,由于词汇层存在两个并行的心理词库,语义特征可能同时激活两个心理词库的词汇节点。这样,目标词不仅受来自反应语言的非目标词的竞争和干扰,而且还受非反应语言的词汇节点的竞争和干扰。这就表明,双语者一方面必须选择恰当的语言,另一方面还必须选择出与想表达的概念对应的词汇节点。

对于双语者词汇提取中的语言选择问题,科斯塔提出了语言限定性词汇选择机制。科斯塔认为在词汇选择过程中,非在用语言的词汇节点的激活不予考虑,这样双语者的词汇选择与单语者并无二致,因为任何时候都只考虑一种语言。也就是说,词汇选择具有语言限定性。如果词汇选择不具有语言限定性,那么词汇选择过程必须考虑非在用语言的词汇节点,一旦考虑了非在用语言的词汇节点,这些节点也就必然充当竞选词汇并干扰目标词汇节点的选择,这种干扰体现在目标词汇选择的延时。如果词汇选择具有语言限定性,非在用语言的词汇节点在词汇选择过程中并不参与竞选。

科斯塔等(2000)还对双语者的语言限定性模型做出如下总结。①

1)语义系统是两种语言共享的、独立的层面。

2)激活可以并行激活两个词汇系统,与说什么语言无关。

3)目标语词汇选择是由选择机制来完成的,选择机制只考虑属于目标语的词汇节点的激活,自然也就不必对非在用语言的词汇节点加以抑制。

(二)抑制控制选择模型

抑制控制模型(Inhibitory Contro Model)是由格林(1998a)提出的。② 根据抑制控制模型,语言任务图式并不在双语者的词汇语义系统中,但会对词汇语义系统的输出加以控制。在强势语(L1)中词汇产生图式与弱势语(L2)中词汇产生图式相互竞争。这样就可以推知,要用 L2 说,双语者就必须抑制 L1 词汇产生图式。如果要求双语者在语际进行转换,那么当前已被激活的图式就必须加以抑制,而先前已被抑制的图式就必须加以激活。这样,词汇的语言抑制控制选择就必然产生转换耗时。然而,转换耗时并非是对称的,如果强势语产出图式受到的抑制更强一些,需要更多的时间重新激活,那么被试必然花耗更长的时间来转换成强势语。

心理语言学的数据强调两种不同路径的翻译:一个是非语义的、直接路径,即翻译等值词词形在词目上的连接;另一个是间接的、语义途径,即刺激词和目标词通过意义连接。根据抑制控制模型,不管哪种途径,词汇选择都涉及词目激活和具有非目标语言标记的词目抑制。两种途径都涉及单个词的正向翻译和逆向

---

① Costa,A.,Colome,A. & Caramazza,A. Lexical access in speech production: the bilingual case[J]. *Psychological*,2000,(21):403—437.

② Green,D. W. Mental control of the bilingual lexico-semantic system[J]. *Bilingualism:Language and Cognition*,1998,(1):67—81.

翻译。在正向翻译(L1→L2)中,语义途径占主导地位,而在逆向翻译(L2→L1)中,词汇途径占主导地位,这说明 L2 词汇的习得是通过 L1 概念词汇取得的。

在格林的抑制控制模式中,每一个词汇表征都与一个语言标记相联系。目标词汇节点如果在某一具体的交际语境中与非目标语言相联系起来就会受到抑制。这样一来,词汇选择过程也就变得简单了,因为与目标词汇节点相对应的翻译等值词汇节点就会受到抑制。

第二节　翻译表达之语篇翻译

翻译表达是对语篇理解的结果加以重新编码的认知过程。语篇理解结果可以表征成五个层面,即表层代码、文本库、情景模型、语用交际和语篇体裁,它们是意图承载的方式。这就意味着,翻译表达也是一个意图驱动的过程,即通过这五个表征层次来传达意图。

就加工方式而言,翻译表达以自上而下开始,自上而下结束,其加工图式为:自上而下→自下而上→自上而下→自下而上……→自上而下。

就加工层次而言,翻译表达包括语篇意图翻译、语篇语义翻译等。本节就对这两大层面展开分析。

一、语篇意图翻译

语篇是指由一系列与某一话题/主题相关的话段/句子构成的语言整体。而语言的本质是交际,任何交际都具有意图,因此语篇意图就是语篇所承载的主题。如果说翻译理解旨在获取源语语篇的意图,那么翻译表达的目的在于译者把源语语篇意图用译语表现出来。但翻译表达毕竟与通常意义上的语篇生成既有相似性又有差异性。差异性体现在，翻译表达是译者与作者和译语读者之间的双重交际，而语篇生成是语篇作者与其读者之间的交际；相似性体现在，无论翻译表达还是语篇生成都是一个受意图控制的交际过程。这就意味着，翻译表达具有双重意图，即作者的语篇意图和译者的语篇意图。

作为一种言语生成方式，翻译表达也同样受意图驱动。翻译的意图包括作者意图和译者意图，因此语篇意图的翻译也就包括源语语篇意图再现和译者语篇意图设计，二者就是翻译认知加工系统中的编码计划。编码计划主要任务是怎样把作者意图或译者意图通过译语语篇的五个表征层次传递出来。

（一）语篇意图翻译简述

贝尔（Bell，2001）认为，"在语篇的标准中，如果说衔接性和连贯性的着重点是语篇本身的话，那么意图性及可接受性关注的是现实世界中的人——语言的使用者。"[①]交际过程中意图可以分为信息意图和交际意图。所谓信息意图，是指向听者告知的信息；交际意图是指向听者告知自己的信息意图。前者强调的是信息的内容，后者强调信息内容的传递方式。

作者生成语篇有作者的意图，同样译者生成译语语篇也有译者的意图。如果译者强调忠实于原作，我们可以称为"语篇意图再现"。所谓语篇意图再现是指译者用译语语篇来再现源语语篇的目的和作者表达的意图。源语语篇目的是指语篇参与者的意图。作者的意图是指作者写作的宏观目的和意图，它往往通过语篇布局表现出来。因此，语篇意图的再现就必须把两种意图再现出来。

既然语篇是一种交际活动。交际的过程就是不断激活交际双方记忆中的语境信息的过程。因此，语篇生成总是建立在与读者共有的认知环境，因为语言交际的基础是交际双方共有的认知

---

① Bell, R. T. *Translation and Translating: Theory and Practice*[M]. Beijing: Foreign Language Teaching and Research Press, 2001:167.

环境。认知环境包括逻辑信息、百科信息、词汇信息和文化背景信息等。作者生成语篇旨在向与其有共同的认知环境的读者传递自己的意图和信息。

语篇最为直接的特征是语篇参与者具有一个总目的即意图结构,意图结构在语篇结构理论中起着主要作用。具体地说,语篇及其目的为语篇个性化以及区分连贯与不连贯提供了手段。

语篇目的往往具有多重性,如一个故事既可以娱乐读者或听众也可以描写一个事件,一场辩论既可以使自己名声显赫也可以让人深信不疑。因此,有必要区分这些目的或意图。

芭芭拉等(Barbara,Grosz & Canace,1986)把语篇目的分为两种:语篇目的和语篇局部目的。[①] 语篇目的是潜藏在具体语篇中的意图。所谓意图就是语篇参与者的意指性,它既是语篇语言行为的前提,又是语篇表达的内容。而语篇局部目的具体说明了各语篇片段怎样一起实现语篇目的。例如,红楼梦章回题首诗,既是某一回的语篇目的,但又是整个一本书的语篇局部目的。

一般来说,作者在语篇生成时都赋予各种各样的意图。这些意图既可以充当语篇目的也可以充当语篇局部目的。意图在语篇中可以是显性的也可以是隐性的。芭芭拉等认为,意图只有被识别出的时候才具有意指效应。[②] 有些意图属于隐性意图,并不打算让人直接识别出来。这种隐性意图有可能是作者语篇生成的主要动机。如文学作品,其创作意图可能并不直接表述出来,语篇局部目的总是能够直接识别出来。对于译者来说,只有识别源语的语篇意图和语篇局部意图才能实现语篇的意指效应,因此翻译理解旨在找到作者的意图,无论这种意图是显性的还是隐性的。

语篇目的和语篇局部目的基本上是一致的,如果一个意图是

---

① Barbara,J.,Grosz & Canace,I. Sidener,Attention,and the Structure of Discourse[J]. *Computer Linguistics*,1986,(12):178.

② Barbara,J.,Grosz & Canace,I. Sidener,Attention,and the Structure of Discourse[J]. *Computer Linguistics*,1986,(12):178.

语篇目的,那么实现这个意图便是语篇目的,而如果一个意图是语篇局部目的,那么实现这个意图有助于实现语篇目的。

翻译是一种双重交际活动。译者是作者与译语读者之间的交际平台。在跟作者交际时,译者必须通过源语语篇及其习得的认知环境去获取作者的意图,或建构整合出作者的语篇意图;译者要想获取作者的意图就必须推敲原文语境,弄清楚语篇形式与内容的关系,只有这样才能把握作者或语篇的意图。在跟译语读者进行交际时,译者必须通过与译语读者共有的认知环境及其译语语篇来传递作者的意图。

翻译是一种具有双向性的交际行为。这就意味着,译者也有自己的意图:再现源语语篇意图和表达译者自己的意图。无论是再现作者意图还是表达译者自己的意图都必须考虑译语读者的可接受性问题,这是因为作者的认知环境与译语读者的认知环境是不同的,译者只有在与译语读者交际时运用适当的变通手段才能达到交际的目的。

译者怎样才能达到交际目的取决于译者的交际意图,因为意图决定语篇交际的生成,这就是翻译中的语篇意图设计。就语篇生成而言,语篇翻译表达可以分为全译和部分翻译,就翻译策略而言,语篇翻译分为:节译、摘译、编译、缩译、改译、译写等。

(二)语篇意图翻译策略

语篇意图既可以指作者意图也可以指语篇参与者的言语意图,因此翻译中的语篇意图的再现也可以分为语篇信息的意图再现和作者意图的再现。

1.再现语篇信息意图

信息意图,顾名思义是指提供信息的意图。交际,对说话者来说,就是明示信息的过程,而对听者来说,就是推理的过程。交际就是信息明示的过程,信息意图可以直接改变听者的认知环境而不是其思想的意图。对译者而言,他必须通过推理获取作者明示出来的信息,并用明示的方式向译语读者传递作者的信息。这就要求译者在翻译前把握作者的信息意图。对干扰信息意图的东西加以变通处理。例如:

　　老师是桃花沟的李白、齐白石、钱钟书;老师是桃花沟的杨振宁、钱学森、华罗庚;老师是桃花沟的陶行知、马卡连柯……

　　意图分析:原文中提及众多的著名人士,有艺术家,如李白、钱钟书;有科学家,如杨振宁、钱学森、华罗庚;有教育家,如陶行知、马卡连柯。作者想表达的意图是老师对桃花沟的重要性。因此,可以将其翻译如下。

　　In the eves of the villagers,he(the teacher)was no less than a great man of letters,a great artist,a great scientist as well as a great educator.

　　上例中,原文中专有名词全部省略不译,因为译语读者记忆中可能没有存储对这些人名的认知环境,如果把这些人名翻译出来,那么译语读者可能会尽力去搜索这些人名的相关信息,对这些人名的过度关注,反而可能弱化作者的局部交际意图。作者用这些人名传递的意图分别是文学家、科学家和教育家。

　　2.再现作者意图

　　作者的语篇意图可以通过特殊的语篇表现形式,如书写、排版等来实现。具体地说,可以通过象形诗、打油诗、回文、藏头诗、密信、韵律、双关等。下面以象形诗为例分析作者的意图的再现。

　　所谓象形意图,是指作者通过语言尤其是指诗行构成一个意象,这个意象就是该语篇(诗)的主题或表达的意图。作者通过象形图式表达意图的语篇尤其以象形诗较为典型。象形诗是古希腊诗歌样式,具有很强的田园风格。象形诗的图像就是象形诗的主题,也就是作者欲表达的意图。象形诗的图像可以是圣坛、斧头、也可以是雨伞、蛋形、翅膀等。

　　以英国诗人 Roger Mc-Gough(1937)所创作的一首名为 *40—Love* 的诗为例进行分析。

40—Love

Middle	aged
Couple	playing
Ten	nis
When	the
Game	ends
And	they
Go	home
The	net
Will	still
Be	be-
Tween	them

当读者在阅读这首诗时，阅读习惯被打断了，因为每一行诗中都有竖线隔开，因此读者必须在每一行诗的竖线两边来回寻找关联。也就是说，读者的眼睛必然在竖线的两边来回移动。当读完这首诗，明白诗中描写的夫妇在打网球时，自己恍惚看完了一场网球比赛。诗中描写的网球比赛立刻激活了读者大脑中关于打网球的情景模型及其相关知识，情景模型包括球拍、网球、球网、球场、发球；球网把球场一分为二，隔开了打球双方，球在网的两边做无情的机械运动等。再回头看标题时，原来 40—Love 好比网球比赛的计分结果 40：0。但如果把 40 这个数字与诗中的 middle aged 联系起来，40—Love 正好表达了中年夫妇之间的爱情状态犹如网球比赛结果 40：0。诗中的网代表了中年夫妇之间婚姻的延续，因为网球比赛结束后，夫妇回家了，网依然存在，网同时意味着中年夫妇之间的爱情已经变得麻木，因为有一张网始终把夫妇俩隔阂在网的两端。他们之间的生活已如网球比赛中的球在网的两端做无情的机械运动。因此，在翻译这首诗时必须再现诗人的这种象形意图，可翻译如下。

40—爱情

中	年
夫	妇
在打	网球
当	比
赛	打
完后	他们
回家	去了
那	网
仍	将
在	在
他们	之间

在翻译过程中,译者仍然保留了原诗的象形。在第二行中把原文中的 couple 翻译成"夫妇"并在其中设置一张网,用 | 表示夫妇之间的隔阂,把第 10 行中两个 be 都翻译成"在",表示对这种夫妇间的隔阂的无奈,整个翻译中的用字尽量拆分为单音节字,表示夫妇之间因隔阂而变得无话可说的状态。

二、语篇语义翻译

既然语篇的本质特征就是整体意义,那么语篇语义翻译就是要用译语的语篇形式把源语语篇整体意义表现出来。而要实现整体意义,必然涉及语篇的衔接与连贯。

(一)语篇衔接翻译策略

衔接实际上是上下文的连接,衔接有利于使行文更加流畅,使语义更加连贯。衔接是否得当,关系着能够被读者理解,能否让读者探究其主旨意义。这就要求译者在实际的翻译实践中,应首先对原文语篇有一个准确的理解与把握,在此基础上选用恰当的衔接手段,依据逻辑将句子与句子、段落与段落组织起来,构成完整的语义单位。在生成译文的过程中,译者可以适当转换原文

的衔接手段。例如:

I got some secretary who referred me to sales who referred me to accounting who referred me to data processing who referred me to public relations who referred me back to accounting.

有位秘书把我引荐到推销部,推销部把我引荐到会计部,会计部把我引荐到资料部,资料部把我引荐到公关部,公关部重又把我引荐到了会计部。

原文句子主干为 I got some secretary,结构十分简单,然而随后却出现了复杂的从属现象,五个定语从句中,who 与先行词形成为牢不可破的照应关系,因而关系代词缺一不可。由于汉语中缺乏相应的衔接形式,所以翻译时自然不能如法炮制,只能借助于重复手段将语义信息连贯起来,通过转换,原文的主从结构不复存在,各个小句之间都没有使用衔接,大致呈现为并列结构,如此一来,译文读上去给人一气贯通的感觉。

(二)语篇连贯翻译策略

衔接是通过词汇或语法的手段使语篇的上下文紧密连接在一起;而连贯则是以信息发出者与信息接收者为基础,通过逻辑推理而实现语义的连贯。在翻译语篇时,译者应在理解语篇的意义与题旨的基础上,体会上下文的连贯意义,将句内、句间或段间的关系充分表达出来,译出完美的片段。例如:

划然长啸,草木震动。山鸣谷应,风起水涌。予亦悄然而悲,肃然而恐,凛乎其不可留也。反而登舟,放乎中流,听其所止而休焉。

译文 1:Suddenly a sharp cry was heard which seemed to make the plains tremble. The mountains and valleys echoed it, the wind arose and the water rushed on. I was so saddened and frightened that I could no longer remain ashore. So as I went back to the boat, which was sent drifting to the middle of the stream, I let it drift till it stopped of its own accord.

译文 2：I uttered a yell far up above; trees and grass were shaken; the peaks rumbled and the valleys answered in echo; water rushed out and gusts of winds started to blow. I was also shaken by sadness and became gravely struck with terror, sensing the impossibility of remaining there. I descended and returned to the boat; rowing to the mid-stream, I let it go by itself and to its rest float.

译文 1 充分展现了汉语行云流水般的意合表达形式,这种形式的优点是句子短小、流泻自如、不拘一格,句子内虽然有衔接,但各个小句之间没有任何形合手段,可能会让目的语读者误解。而译文 2 在结构上十分完整,形式严谨、层次井然,语义连贯清晰,气势流泻自如,很好地体现了汉语的语义信息内容。

第七章　翻译审美心理学:心理学视域下翻译的审美

心理学将"人们以各自独特的方式思考和行为的内部过程"作为研究对象,"思考和行为"就是指人的认识活动和实践活动,它是"内部过程"的外在表现形式。"内部过程"包括认知过程、意志过程、情绪过程。其中,认知过程就是信息加工过程;情感过程是指人在认识客观事物的过程中所引起的人对客观事物的某种态度的体验或感受;意志过程是指由认识的支持与情感的推动,使人有意识克服内心障碍与外部困难而坚持实现目标的过程。早在 18 世纪,英国经验主义美学家就对人的审美心理进行了研究,审美心理学的正式诞生是在 19 世纪后半期。19 世纪末 20 世纪初,西方审美心理学得到了蓬勃发展,涌现了大批代表人物和著作,提出了一系列独到的学说。为此,本章研究心理学视域下翻译审美的相关内容。

第一节　审美心理学的研究对象

学者费希纳主张立足经验进行"自下而上"的研究方法,反对从哲学角度"自上而下"地研究美学,在他看来,美是一种心理、物理现象,美学是心理学的一个分支,主张采用实验、观察、归纳等方法加以研究。审美是指人所进行的一切创造和欣赏美的活动。从这个定义看,审美这种活动既离不开"人"这个主体,也离不开"美"这个客体,必须同时处于"创造"和"欣赏"活动的过程中。

一、审美心理学理论层面的研究对象

(一)西方审美心理学的研究对象

1.第一阶段的研究对象

19世纪末20世纪初,西方审美心理学得到了蓬勃发展,审美心理学转向对审美和艺术的本质做心理学的解释,并试图由此说明一切审美现象和艺术现象。这一时期涌现了大批代表人物和著作,提出了一系列独到的学说。例如:

1)德国里普斯的移情说。

2)谷鲁斯的内模仿说。

3)康拉德·朗格的幻觉说。

4)瑞士布洛的心理距离说。

5)意大利克罗齐的直觉说。

2.第二阶段的研究对象

20世纪审美心理学的研究随着现代心理学的发展而迅猛发展起来,其中有以下五个主要的学派。

1)心理分析学派美学。该学派美学主要是为了揭示行为的深层心理动机。

2)格式塔学派美学。该学派美学提出"异质同构"论,并用来解释审美经验的形成。

3)行为主义学派美学。该学派美学强调用实验的方法研究审美经验。

4)信息论学派美学。该学派美学强调把审美看作信息交流,也试图通过心理实验找出审美信息的规律。

5)人本主义心理学派美学。该学派美学强调人格的"自我实现""高峰体验",把审美看作一种超越人的基本需要的高级需要。

(二)中国审美心理学的研究对象

在中国，审美主体或审美心理的研究出现过两次高潮。

1. 第一阶段的研究对象

20 世纪二三十年代，"西学东渐"引进各种现代心理学美学理论。这个时期出版的审美心理研究著作的主要特点是从西方美学某一个或几个理论观点出发来建构自己的体系。

2. 第二阶段的研究对象

20 世纪 80 年代，国内陆续出版了一批自成体系、影响较大的审美心理学或文艺心理学的专著。例如：
1）王朝闻的《审美谈》。
2）金开诚的《文艺心理学论稿》。
3）滕守尧的《审美心理描述》。
4）彭立勋的《美感心理研究》。
5）陆一帆的《文艺心理学》。
6）劳承万的《审美中介论》。

上述著作在吸收西方美学理论的基础上，立足于审美和艺术的实践经验，借助各种观察和实验资料，兼收中西美学各种理论之长，加以融会贯通，拿来为我所用，以形成自己的见解和构建自己的体系。

本书所涉及的审美主体是指作者或读者，审美客体是指文本作品。因此，就研究对象而言，审美心理学的研究对象包括审美客体、审美主体。审美主体和审美客体是一对相互对应的美学范畴。要进行审美认识，必须同时存在审美客体和审美主体。审美既是认识活动，也是实践活动。既然认识是客观世界及其规律在人大脑中的反映，那么审美认识就是审美客体及其规律在审美主体大脑中的反映。审美认识自然是通过审美实践活动获得的。

二、审美心理学实践层面的研究对象

(一)审美主体

1.审美主体的含义

所谓审美主体,是指"在社会实践中形成的与审美对象相互对应的具有一定审美能力的认识和实践者"。也就是说,只有人在对某一对象进行审美实践活动时,人才可以被称为审美主体。在审美活动中,审美主体的首要任务是认识审美客体的客观规律和客观属性,进而使自己对审美客体的认识与客体自身的属性保持一致。

然而,在审美活动中审美主体并非被动地接受审美客体,而是可以发挥审美主体的主观能动性,根据审美客体所蕴含的客观规律和客观审美属性,通过审美实践来实现自己的意图和目的。审美主体要发挥主观能动性,除了具备正常的生理机能外,还具备审美能力。以翻译为例,译者作为审美主体,在翻译过程中主要具有以下六个方面的能动作用。

1)在翻译过程中充分发挥审美能力。

2)平衡原文与译文中的语言、文化、社会、交际、心理等各方面的差距,顺应翻译的语境,尽力表现自己的顺应能力。

3)积极能动地进行原文与译文在多维方面的优化和选择。

4)注重源语与译语、译者与读者之间的关系。

5)尽力发挥文化顺应的功能,准确把握文化意义,使读者可以很好地接受,从而进行合理的审美判断。

6)审美主体,审美客体,读者可以取得认知、价值、审美等方面的对等关系,获得最好的审美效果,达到再现审美价值的目的。

上述审美过程就是译者主体能动性的最好体现。

2.审美主体的心理结构

通常而言,审美主体的心理机构包括以下四个要素。

1)才。所谓才,是指审美主体所具有的艺术才能,包括对客观事物的认识、观察能力,对事物的审美表现能力等。

2)胆。所谓胆,是指审美主体摆脱束缚进行独立思考的能力,在创作中就表现为自由的创作精神。

3)识。所谓识,是指审美主体的审美判断力,即辨别事物或艺术作品"理、事、情"特点的识辨能力。

4)力。所谓力,是指审美主体的艺术功力和艺术气魄。

上述四要素是一种"交相为济"的关系。其中,"识"是最重要的,其他三个要素都依赖于"识",这是审美主体必备要素的核心。"胆"既依赖于"识",又能延展深化为"才",但"才"必须通过"力"来承载,无"力","才"则难以充分展现。总之,这四要素构成审美主体的个性心理结构。

(二)审美客体

1.审美客体的含义

所谓审美客体,通常是指能够引起人类审美感受的事物,可以与人类构成一定的审美关系。简言之,审美客体是"审美主体认识和实践的对象"。因此,审美客体具有一定的审美特征,能够被人类的审美感官所感知,然后引起一定的审美感受。

2.审美客体的审美构成

审美客体的审美构成包括两个方面:语言形式美和意美。

(1)语言形式美

显而易见,语言形式美主要是指语音以及语言表现手段、方法等形式上的美学信息,是一种可以看得见的、以物质形式存在的形态美,如音美、形美。语言形式的美通常可通过人的听觉、视觉等来体现，因为这些美是直观可见、可感的，如文学作品中的文字与声韵组合而成的形音美、形与音义组合而成的音律美，还包括典型的修辞手法如对偶、排比、倒装等，这些都是物象的外在描写。

（2）意美

这种美学信息是无形的、非物质的、非自然感性的，人们不能凭直觉进行推断，如情感、意境、意象、神韵等方面的美。意美在语言的结构形态上如词语、句子、段落、篇章等方面是表现不出来的，但是从总体上可以感知到这种美。相关学者提出，意美的特性包括非定量的、不以数计的；难以捉摸的、不稳定的、模糊的；不可分割的某种集合体。因此，在美学上意美被称为"非定量模糊集合广义的审美客体"。由此可见，意美是一种蕴含在整体形式中的美，是一种宏观上的美，常常与深邃的意义相融合。

综上所述，语言形式美和意美都是构成审美客体的要素，二者的区别在于语言形式美是形式上的美，是外在的、感性的，而意美是核心内容，是一篇作品有力的表现武器，是意念、理智的表达，是必不可少的。

第二节 审美控制机制与心理机制

审美机制作为审美心理学的主要研究内容之一，在以往的历史研究中积累了丰富的理论与实践经验。本节主要探讨审美机制的两个层面：审美控制机制与审美心理机制。

一、审美控制机制

审美过程是一个在审美意图控制下的意有所指的过程。所谓审美控制机制，是指主体按照特定审美意图对审美活动进行调控的基本原理与规律。

(一)审美意图

意图,顾名思义,就是意有所指。"意"就是主体"心有所指"的心理过程。因为主体审美对象包括理、事、情、象和境,所以主体审美心理过程就是一个意理(义)、意事、意情、意象,最终达到意境的过程。

1.意理(义)

意理(义)是指审美主体"心有所指"事物所包含的思想道理,即理或义;而这种心有所指的过程就是意理(义)。其实,人的言语并非仅仅抒发个人内心的情感,也用来阐述事物的真相和所包含的思想道理。因此,作为审美过程,意理(义)就是心有所指,即义理的审美过程。

2.意事

意事指审美主体心有所指的事物生长发展中的情状,即"事"。简单地说,就是事物发生发展的状况。因此,意事就是心有所指,事物情状的审美过程。

3.意情

意情是指审美主体发自于心的志向。"意"可以是"心有所指"的"志","心有所指"的"情",即"意情"。"情"发乎内而感乎外,即"情感"。意就是心有所指的情感。所以,"意情"就是"情感"。由此可见,意情就是心有所指,是主体情志的审美过程。

4.意象

意象是指审美主体心有所指的事物形象,即象。意象就是心有所指,是事物形象的审美过程。

人的"心有所指",并非一定直抒胸臆,直陈其事,而往往可以或借景抒情,或借景寓意,或情景交融,使言者之情与义达到完美的境界，即意境。也就是说，文本要有意境，首先必须要有情感，没有情感就不能感人至深。无论是写情、写景还是述事，都要达到言者真情实意（义）的直观化和形象化，是情、意、景的完美融合，方可称为意境。

综上所述，审美心理的本质就是主体"心有所指"的审美体验过程。心有所指既可以意理、意事，又可以意情、意象。理、事、情、象的完美融合便构成境，即意境。

（二）审美方法

审美方法是指主体欣赏、体验、评价、创造美的方法。下面以刘勰在《文心雕龙·知音》中提出的"六观"说为例进行说明。

1. 观位体

既然审美创作是"设情以位体"及"情理设位"，那么审美解读自然要观察文本之"位体"，通过文本的"位体"来观察其中的情。《文心雕龙》中的情指情感、情理、情志。观位体，就是通过文本的篇章体裁来观察文本所蕴含的情。

2. 观置辞

文辞运用是否能充分表达内容，这就是"观置辞"。辞就是文采措辞，是形式的"表情达意"。情就是情感、情理、情志，即质，是诗文表现的内容。主体之情是通过文辞来表达的。从创作角度看，遣词造句能否表达主体胸中之情，是作品成败优劣的关键。

3. 观通变

所谓通变，指作品风格的继承与创新。风格是指作家或艺术家在创作成果中所表现出的格调特色。这种格调特色既体现在作品内容上，也体现在形式上。刘勰的"通变"既指文学内容上的继承与创新，也指文辞形式上的继承与创新。

4.观奇正

"奇正"指作者在表现情思时所使用的手法。"情思"为作品的内容，作品内容符合主流意识形态即为"正"，反之则为不"正"。刘勰在《文心雕龙·定势》中说"奇正虽反，必兼解以俱通；刚柔虽殊，必随时而适用"。因此，在审美创作时，审美主体要观察出所表现内容是否符合主流意识形态，其表现形式是否新奇，是否"随时而适用"，在审美解读时，审美主体要观察出作品内容是否正、表现手法是否新奇。

5.观事义

事义，是指作者作文所叙之事和所引用的典故所表达的意义。作者写诗作文不仅可以通过描写叙事来表达意义，也可以通过引用古书所记载的故事或引用他人所说的语句来表达意义。

6.观宫商

宫商即声律，指文本的音乐性。文本的音乐性往往是用来表达主体之情的。审美创作时，主体（作者）要观察出文本的音乐节奏是否自然，是否表情达意。审美解读时，主体（读者）要观察出文本是如何通过音乐节奏来表情达意的。

二、审美心理机制

审美是一种复杂的心理活动。审美心理机制，是指主体在审美过程中各种心理要素所构成的基本原理和规律。[①] 简言之，审美过程无论是审美创作是审美欣赏，都是一个始于审美观照，继而审美体悟，终于审美品藻的过程。

[①] 颜林海.翻译审美心理学[M].北京：科学出版社，2015：24.

（一）审美观照

在审美观照时，主体不仅要保持一种"虚一而静"的心境，同时要"物以情观"地投入情感。"观"的本义是运用耳目等感觉器官去观察事物。观作为一个审美范畴，具有以下几种含义。

1）就观的内容而言，指审美主体透过观物的外形传达观物的精神内涵。

2）就观的方式而言，指审美主体的感官与心灵对审美客体的一种整体投入，即心灵的观照。

3）就观的特点而言，指审美主体处于自由而无功利的心理状态。所谓"自由而无功利的心理状态"，是指"无为""不作"的心理状态，排除一切思虑、排除一切有意识的活动，使心灵处于一种空明纯净的无意识状态。

由此可见，审美观照是指审美主体带着一种自由而无功利并与审美客体融为一体的心态，运用感官透过事物表象去观察事物的精神内涵的过程。

（二）审美体悟

在审美体悟时，主体不仅要"驰神运思"，更要"设身处地"去体悟客体的美。审美体悟就是主体通过切身体验而对美的领悟。"体"为方式，"悟"为思想过程及结果。悟的最高境界就是"妙悟"。所谓"妙"，就是"美"的意思，"妙悟"就是对美的感知。"妙悟"是对客体的审美属性的直观把握，它既是一种艺术思维活动，也是一种审美方法。

（三）审美品藻

在审美品藻时，主体不仅要"知人论世"地对审美客体进行追根溯源，更要"附辞会义"地将审美客体各个部分置于整体范围之内加以品评。"品"，本指事物众多。既然事物众多，必有优劣之分，而要知道事物孰优孰劣，必须先加以鉴别；而要鉴别，必须对所有事物加以详察。由此可见,"品"的本义已经隐含了主体对众多事物的鉴别的心理活动。"品"作为动词,具有两种内涵:切身体会和辨别优劣。

作为美学范畴,"品"既指众多客体之间存在的优劣,即品第,也可以指主体通过切身体会对客体的优劣加以鉴别、体察、辨析的过程,即用作动词,意为"品藻"。所谓"品藻",就是品评鉴定优劣,即"定其差品及文质"。品评必然有方法,这种方法就是审美理解。

"理",即脉理或条理。解,判也,从刀判牛角。也就是说,理解就是要顺着脉理或条理去解剖分析。事物的脉理或条理总是通过一些外在表征形式表现出来,因此透过或顺着事物外在表征形式去抓住事物本质性的脉理或条理就是理解。依此类推,透过或顺着事物外在审美表征形式,去抓住事物内在本质的脉理或条理,就是审美理解。

第三节　翻译审美心理学的构建

翻译审美心理学在研究过程中形成了系统的理论体系,并随着人们的不断研究而日益完善。本节首先来了解翻译审美心理学研究的对象与方法、翻译审美主体与翻译审美客体的属性,其次分析翻译审美机制,最后介绍翻译审美的操作过程。

一、翻译审美心理学的研究对象

从本质上而言,翻译不能简单地看作从一种语言文化到另一种语言文化的转换活动,而是一个相当复杂的、涉及面广的、多层面的心理活动,它包括译者的语言认知心理活动、审美心理活动和跨文化心理活动。译者的审美心理活动分为审美解读和审美创作。

1)审美解读旨在寻找原文文本外形在"心有所指"内实时所体现出来的审美属性。

2)审美创作旨在寻找用译文文本外形再现原文文本内实时所体现出来的审美属性。

因此,翻译审美心理学不仅要研究作为审美客体的原文文本外形和内实及二者的相互关系,更要研究作为审美主体的译者及其翻译审美心理机制。就审美本质而言,翻译审美过程是译者"从心察言"—"得意忘言"—"离形得似"的过程,只有经历这个过程,译者才能了解作者的内心情感意图即意情,原文文本传达的思想内容即意义,意情和意义完美的融合即意境。

因此,译者的审美过程就是通过原文文本的表层审美形式获取深层审美内容,并将审美内容用另一种审美形式再现出来的过程。简言之,翻译是一种审美心理活动。这种审美心理活动体现在翻译中不仅仅是忠实于原文,还表现出译者的主观世界;它不仅仅满足于对原文进行复制,也蕴含译者的创造性和风格。

由此可见,从审美心理学的角度上看,翻译的过程也是一个审美的过程,这就是翻译审美心理学的主要任务。就研究对象而言,翻译审美心理学既要研究翻译审美客体,也要研究翻译审美主体,更要研究译者审出原文之美和用译语再现原文之美的审美机制。

(一)翻译审美客体

翻译审美客体,就是指译者所翻译的具有一定审美属性的文本。文本通过音、字、句、篇来揭示事理、传达情意、描摹形象。但这种揭示、传达和描摹过程并不是杂乱无章地堆砌素材,而是按照一定审美规律来传达特定的审美意图和审美信息。这种审美意图和审美信息就体现在文本外形和内实上。

1)文本外形可以分为:音、字、句、篇。

2)文本内实可以分为:理、事、情、象。

因此,译者的审美客体包括文本的外形和内实。在审美解读过程中，译者的审美客体就是原文文本，其任务是解读出原文文本在外形和内实上所体现出来的审美属性。在审美表达过程中，译者的审美客体就是译文文本，其任务是核实比对译文文本在外形和内实上所体现的审美属性是否与原文文本具有一致性。

翻译审美客体的属性和审美构成对审美主体具有影响作用。不是所有的翻译原文都可以成为审美客体，一篇原文只有具有一定的审美价值才能被认为是审美客体，从而满足审美主体某方面的审美需要。文艺作品具有审美价值这是众所周知的，不过说明书、科技类文章与文艺作品不同，这类文章虽然表面上看没有美学信息，但仍具有一定的审美价值，这主要表现在功能方面，因而也属于审美的范畴。

对于翻译审美客体而言，具体是指原文和译文。原文是作者根据现实中的素材经过自己的再创造所组织起来的语言，这些语篇想要得到读者的认可和欣赏，必须具有语义上的传达功能，更要具有审美上的价值功能。译文不是原文的简单复制，是译者在原文的基础上发挥主观能动性并进行再创造所得出的产物，表达原文的美学信息和译者的思想活动。

译者只有在把握语言形式美的基础上体会到作品的意美，才能进行更好地翻译。一篇优秀的译作来之不易，译者需要将原文中的"两美"进行移植：形式美（音美、词美）和内容美（情感、意境、神韵），尤其是后者具有高度模糊性，是一种高层次的审美，需要译者充分发挥主观能动性才能有效捕捉。

（二）翻译审美主体

在翻译美学研究中，审美主体包括译者、读者。

1. 译者

译者要具有审美的眼光或素养，正像马克思说的要有"辨别音律的耳朵"。如果译者没有审美的眼光或素养，"最美的音乐也毫无意义"。译者还要具有健全的审美机制。这主要是指译者如何审视和寻找原文文本的美，如何用译语再现原文文本的美的基本原理。

翻译审美心理学可以定义为，一门研究译者在翻译过程中审视和寻找原文之美并用译语再现原文之美的心理机制的科学。对于译者而言，具有以下三点属性。

（1）制约性

译者进行翻译与作家进行创作完全不同，他在翻译过程中受制于原文，即审美客体。我国著名学者刘宓庆认为译者在翻译时通常会受到以下几个因素的制约。

首先，原文自身形式美是否可译的限制。例如，中国格律诗中的形式美"字数相等、语义相对、音律和谐"翻译成英语后就会丧失，对此译者只能采取其他方式或手段进行补偿翻译。

其次，原文自身非形式美是否可译的限制。所谓非形式美，是指那些不能从直观上感受的、模糊的美，如艺术作品的气度美、气质美等。非形式美虽然来自于语言的外象，但其是艺术家自身意志在艺术作品里的升华和熔炼，产生于欣赏者和艺术家的视野融合之处，这种美同样会制约译者的翻译。

再次，原文与译文之间存在的文化差异限制着译者的翻译。文化是审美价值的体现，民族性和历史继承性是审美价值的典型特征。原文的审美价值在源语读者心中所产生的心理感应是无法完全转换到译语读者心中去的。

最后，原文与译文的语言差异限制着译者的翻译。例如，汉语与英语的语言差异。词汇方面的差异是英语词义灵活、语义范围大，但汉语完全相反；语法方面的差异是英语主谓语形态十分明显，但汉语则不同；表达方面的差异是英语被动语态多，但汉语很少使用被动语态；思维方面的是英语重形合而汉语重意合等。此外，不同历史时期的人们鉴赏历史的眼光、视野、标准是不同的，也就是说艺术鉴赏具有时空差的特点，这同样会限制译者的翻译。

（2）主观能动性

译者在翻译时虽然受到了相关因素的制约，但其自身仍具有主观能动性。翻译不只是简单的语言转换过程，其中还包括译者对原文的认识、解读、鉴赏，并将原文中所传达的美移植到译文中，而这离不开译者对美的创造。因为译者不是被动接收译文的美，而是能动地进行美学信息的加工，从而达到再现美学信息的目的。简言之，译者不仅是审美主体，同样是创造美的主体。

（3）审美条件

这里的审美条件主要是指译者自身所具有的审美感受、审美体验、审美趣味等，这些因素决定着译者能否被原作中的美学信息所吸引，从而顺利进入审美角色进行能动的审美活动。译者的审美标准受到自身文化背景、所处时代、阶级阶层、地域特点等方面的影响，对作品中的美学信息会产生不同的审美感受力。

此外，译者的审美能力、审美修养、审美情趣会对译文的美学信息产生重要影响，这决定着译者是否能够将原作中的美学信息顺利移植到译作中去。一部著作之所以会有很多种不同的译文，就是因为不同的译者具有不同的美感层次，自然形成不同的审美差异，这就是"一千人中就有一千个哈姆雷特"的原因所在。

不过，虽然不同译者具有不同的审美能力，但人类的审美标准存在着共性，这为美学翻译提供了理论上的可能。译者想要再现原作中的美学信息，除了需要考虑读者的能动作用和审美习惯，更重要的是充分挖掘原作即审美客体中的社会价值、美学功能。为此，译者作为审美主体必须具备审美感受力、审美理解力、审美体验、审美情感、审美想象力、审美心境等丰富的审美经验，这样才能在翻译审美活动中相互作用，找出作品的美学价值与社会价值并顺利移植到译作中。相关学者认为，一个成功的译者需要具备以下四个审美条件。

其一，审美主体的"情"，是指译者的感情，是译者能否获取原文美学信息的关键条件。

其二，审美主体的"知"，是指译者对原作的审美判断，由译者自身的见识、洞察力等来决定。

其三，审美主体的"才"，是指译者的能力、才能，如分析语言的能力、鉴赏艺术作品的能力、表达语言和运用修辞的能力等。

其四，审美主体的"志"，主要是指译者钻研翻译的毅力。

对于上述四个审美条件，"情"和"知"主要在于对原文美感的判断，"才"和"志"则影响译者能否将原作中的美感再次显现于译作中。翻译本身是一门艺术性、技术性比较强的学科，译者想要处理好原文中碰到的种种问题和难题，自身必须具有相当高的知识和较强的翻译能力。在翻译实践中，对原作进行结构的重组离不开译者的语言分析能力、表达能力和审美判断能力。

2.读者

读者作为审美主体之一，具有一定的能动作用。读者在阅读译文的过程中具有自身的能动作用，主要表现在以下三个方面。

首先，读者既有的审美标准、意识等影响着他对译文内容、形式等方面的取舍，决定了他阅读译作的重点，更影响着他对译作的态度与评价。读者对译文的审美取向影响着译者在题材、体裁方面的选择。

其次，读者对译作能动的评价。在阅读译作时，读者通常会根据自己的审美知识、体验、感受等来理解译文的美学信息，用自身所处时代的标准来鉴赏、判断和评价译作。在这一过程中，读者的行为是一种创造性劳动，体现着读者的价值观念、主观倾向、文化素养，因此不存在绝对客观的翻译作品鉴赏。

最后，读者的审美观念、标准等会受到译作的影响而不断进行改变，这同样是读者能动作用的表现。因为读者通过阅读译作，逐渐会对译文所表现出的美学价值、文化信息进行有效理解和接受，进行文化方面的积极交流。在这一过程中，读者的视野会因为大量接受异域事物而得到扩展，同样他的审美经验也会得到丰富，有效提高了接受能力，最终改变他的整个审美观念。而读者审美需要的改变又会影响译作的出版和传播。

(三)翻译审美机制

翻译的审美过程就是译者发现、欣赏文本的美学属性的过程。在这个过程中，译者仅有"才、胆、识、力"还不够，还必须具备健全的翻译审美机制。

通常而言，健全的翻译审美机制包括翻译审美控制机制和翻译审美心理机制。

1）翻译审美控制机制是由审美意图、审美定式、审美标准和审美方法组成的，旨在对译者的审美活动进行意图预设、意图比对，从而把握意图选择和意图核定的基本原理和规律。

2）翻译审美心理机制是由观照、体悟和品藻等心理要素构成的基本原理和规律，二者相互配合便构成了翻译审美机制。

二、翻译审美心理学的研究方法

既然翻译审美心理学是一门由翻译学、心理学和审美心理学构成的交叉性学科，那么其研究方法同样可以借用心理学和审美心理学的研究方法来对译者在翻译过程中的审美心理活动进行研究。下面主要介绍实验法这种翻译审美心理学的研究方法。

所谓实验法，是通过模拟翻译场景或翻译实验室来研究被试者在完成特定翻译任务时所体现出来的心理现象和心理过程。这里的"特定翻译任务"指所给定的翻译任务中既含有审美任务，也含有非审美任务。具体的实验研究方法包括以下几种。

影像观察法实际上是对有声思维法的一种完善。劳弗（Lauffer，2002）认为，面部表情和身体语言可以用来指向翻译过程中的心理活动。通过影像观察法，可以直接观察到被试者在翻译过程中的一举一动和面部表情，从而观察到被试者翻译过程中的情感活动。影像观察法由两部分组成：首先，研究者现场观察和记录整个翻译过程。其次，整个翻译过程被全程录像以备实验结束后进行详尽的分析。

(一)追溯式观察法

追溯式观察法是指让被试者在完成实验任务 20 秒后回顾翻

译过程中大脑思维活动的信息。这种方法由以下两部分组成。

1)问题设计。这部分主要是针对译文和研究者的观察过程而设计的。

2)面谈。在面谈时,要求被试者一边看键盘屏幕录像一边对其翻译过程的行为进行评价。这样有助于收集到 TAPS(有声思维资料分析法)过程中无法收集到的数据信息。

(二)有声思维法

"有声思维资料分析法"(TAPS),原本属于认知心理学实验研究中的一种数据收集的方法,它要求被试者在解决一个或多个难题时大声说出大脑思考的内容,研究者通过录像机或录音机将被试者所说的话录下来,然后转换为可分析的书面文本。

在翻译过程中,要求被试者在面对一个具体任务时大声说出心里所思所想;具体而言,就是让被试者在翻译过程中说出他是如何理解原文的,为何如此翻译。通过被试者的"有声思维"来研究被试的面对审美任务和非审美任务时的心理活动状态。

(三)日志屏幕录像法

日志屏幕录像法是指在被试者的计算机中安装日志屏幕录像监控软件,对被试者在完成某一特定翻译任务时的所有计算机操作加以监控记录,通过对其计算机操作时的用时、停顿次数、停顿间隙数及时长、修改次数、修改类型等来了解被试者当时的审美活动。

除了上述实验法,翻译审美心理学的研究方法还有传记分析法、统计分析法等。

1)传记分析法。传记法是指通过译者的传记、译者的理论阐述或译者在译本前言或译后记中有关翻译过程的论述和心得体会来研究译者的审美。

2)统计分析法。统计分析法指通过对译语文本的语言风格和翻译策略进行统计分析来研究译者审美心理活动。

第四节 翻译审美机制的运作

翻译审美机制包括翻译审美控制机制与翻译审美心理机制。在探讨翻译审美机制的运作之前,有必要分析翻译审美机制的两个层面。

一、翻译审美机制的构成

(一)翻译审美控制机制

翻译审美控制机制,就是译者按照特定审美意图对翻译行为进行控制的基本原理。翻译作为一种有意识的审美活动,译者也有其自身的审美目的或意图,并按照审美目的或意图来进行翻译实践。换句话说,翻译过程是由译者的审美意图来控制的。

所谓意图,就是意有所图,就是目的。人是根据自己的目的有计划地实施实践活动的。目的是"表示在人的有意识的活动中,以观念的形式预先存在于人们头脑之中的活动的结果,是人按照自己的需要和对象本身的固有属性预先设计出来的关于对象的未来的理想模型,是人对自身需要同客观对象之间的内在联系的主观映像。"①根据客观规律和现实条件提出正确的目的,是人从事各种实践活动的必要前提之一,也是区别人的有意识活动与自发的自然过程的标志之一。

翻译审美意图是指译者在翻译审美活动中的"意有所指"。译者不同,其翻译审美意图就可能不同,其审美态度也就不同。所谓翻译审美态度,是指译者在审美过程中所持有的一种意图倾向。译者翻译审美态度并非是纯粹的无功利,因为在审美态度

---

① 颜林海.翻译审美心理学[M].北京:科学出版社,2015:50.

中,译者的理智是译者审美时辨别是非利害关系以及控制自己行为的能力,直觉是译者对原文审美属性不经逻辑分析的快速发现。

译者翻译审美态度是译者的理智与直觉、认识与创造、功利性与非功利性的有机统一,这种统一在不同的译者身上往往呈现差异性,从而导致译者的审美态度也出现差异性。译者对原文的审美直觉并非与生俱来,而是建立在译者对源语(文)已有的知识和经验的基础上,因此译者不同其理智力和直觉力也不尽相同,审美态度也自然各异。在翻译审美活动中,译者是透过原文作者意图与译者意图吻合而且可译,译者会基于作者意图进行构思。总之,翻译审美意图决定了翻译方法的选择。译者翻译审美态度的形成受其所处社会、时代、民族、文化及知识体系的影响。随着社会、时代、民族和文化的变迁,译者的审美态度也会随之改变。

(二)翻译审美心理机制

翻译审美心理机制是指在原文的审美内容与审美属性刺激下,译者按翻译审美意图而展开的一系列心理活动。这里将译者的审美心理机制分为观照、体悟和品藻。

1.观照

(1)静观

所谓静观,就是译者抛开一切功利世俗,保持的一种"虚静"的心理状态,从而使自己达到"神与物游,思与境谐"的境界。翻译中的静观是指译者在翻译过程中保持的一种无功利的审美心态。只有保持一种审美心境时,译者才能对源语承载的审美属性做出感性反应和认识。当然,保持"虚静"并非意味着译者要绝对地无所思、无所想,而是要在原作的意象世界中驰神运思地观照审美客体。

(2)神思

翻译中的神思,指译者驰神运思的过程,即不受客观限制、跨越时空的一种审美心理活动，也就是身在此而心在彼，置身于原作意象世界中。在翻译过程中的审美观照阶段，译者激活自己的知识体系时存在以下三种倾向。

第一，源语激活，即对源语进行审美感知往往会激活译者的源语文化知识体系来整体把握源语的审美属性。

第二，译语激活，即对译语进行审美感知往往会激活译者的译语文化知识体系来整体把握译语的审美属性。

第三，交叉激活，即对源语和译语的感知往往会交叉式激活译者的两种知识体系。

这三种倾向体现在审美方法上就是：如果强调源语的审美属性，译者倾向于异化；如果强调译语的审美属性，译者倾向于归化；如果强调两种语言的审美属性，而二者又不可调和时，译者更倾向于创译。

2. 体悟

（1）情观

翻译中的"情观"是指译者情感投入式体会原作字里行间中的作者之情，即"物以情观"。其中，"物"就是文本。原文文本是"因情立体"，译者也必须"物以情观"。译者如果缺乏情感，就很难真正体悟到原作所蕴含的审美情感，其译作也自然缺乏情感，读起来味同嚼蜡。

（2）设身

翻译中的"设身"既指译者将自己设身于作者所处的时代背景或作品人物所处的典型环境中，又指译者将自己设身为作者或作品中的人物。在翻译过程中，译者就是作者。由此可见，翻译过程中设身处地是译者与作者产生共鸣不可或缺的心理活动。

3. 品藻

翻译中的审美品藻是指译者对文本的音、字、句、篇所体现的审美属性解读出理、事、情、象的审美意图的理性判断，即审美理解。理解就是指顺着脉理或条理进行解剖分析,因为事物的脉理或条理总是通过一些外在表征形式表现出来,这些外在表征形式就是文本的音、字、句、篇。在翻译品藻过程中,译者必须透过音、字、句、篇去抓住文本的内实,即理、事、情、象。

(1)论世

翻译中的知人论世,是指译者在翻译过程中对文本所涉及的相关文化背景加以查阅和分析。

(2)附会

具体地说,附会就是调整配合,即把文章的内容与形式紧密结合在一起。这既是一种审美创作方法,也是一种审美解读的方法。

综上所述,翻译的过程是一个审美理解和审美表达的过程。

首先,翻译审美理解就是理解原文文本在外形和内实及二者关系上的整体性和结构性。译者的审美理解是指译者在翻译过程中对源语与译语的文本外形和内实所呈现出来的审美属性做出的理性判断。翻译审美理解是一种由外而内、由浅入深、由片面到全面、循序渐进的认识过程。从审美理解对象看,译者的审美理解既包括原文文本音、字、句、篇等外形的秩序、节奏和辞格,还包括理、事、情、象等内实的秩序、节奏和辞格,以及外形与内实的有机联系。

其次,在审美表达过程中,译者的审美理解主要是在审美意图的控制下,对原文蕴含的"理、事""情、象"所体现出来的审美属性加以取舍,并对译语的"音、字、词、句、篇"进行字斟句酌。

二、翻译审美机制的操作

从翻译实践来看,翻译审美与翻译认知总是结伴而行,无法截然分裂开来。从翻译认知过程上看,通常把翻译分为三阶段六步骤。

(一)原文意图分析

人们在说话和写作时都是在意图驱使下的言语行为,因此通过对言语行为的分析就可以了解说话者或作者的意图。从写作的角度看,意图不同,篇章设置、句式选择和择字措辞也就不同;从赏析的角度看,通过篇章、句式和字词也可以分析出说话者或作者的意图。

在整个翻译过程中,意图最为重要,因为意图决定了行为。意图分为预设性翻译意图和操作性翻译意图。

1)预设性翻译意图。这种意图就是在正式进行文本翻译前来自他人的预先约定(如意识形态、出版社的要求)或来自译者个人的兴趣爱好。

2)操作性翻译意图。这种意图是译者根据预设性翻译意图而设定的翻译意图。

一般情况下,译者翻译时往往以作者的意图作为自己的翻译意图,但在实际的翻译过程中,译者往往是结合两种意图来翻译的。因此,在翻译过程中,意图的解读和再现是非常重要的。

那么怎样才能正确地解读和再现原文的意图呢?

译者在翻译过程中,既要"设身处地"又要"字斟句酌"。"设身处地"有以下三重含义。

1)译者把自己设想成作者来谈自己如何写及为什么要这么写。

2)译者把自己设想成作品中的人物去亲身体验所经历的事情。

3)译者把自己设想为译语读者,设身处地有助于译者深切地了解作者或作品的意图,再根据意图来字斟句酌设置篇章。

一般而言,作品的类型可以分为两大类:文学类和非文学类。文学类作品强调理、事、情、象的全面表达,而非文学作品主要强调事理的传递。体现在形式上,文学类作品强调内容表达的艺术性,而非文学作品强调内容传递的质朴性。下面以一句汉语的英译为例来分析翻译过程中的意图解读与翻译操作的关系。

"朋友来有好酒,豺狼来有猎枪。"

意图预设分析:此句出自 2012 年 9 月 19 日的《人民日报》(海外版),而此时正值美国国防部长帕内塔在访日后来华,其意图不言而喻。

译语认知分析:此句从英语思维角度分析,其完整的句式应该是"(如果)朋友来(了,)(我们)有好酒(招待朋友);(如果)豺狼来(了,)(我们)有猎枪(迎接豺狼)"。

审美意图分析:此句改写自抗美援朝电影《上甘岭》主题歌《我的祖国》中的歌词,原歌词是"朋友来了有好酒,若是那豺狼来了迎接它的有猎枪"。改编后的句子,句式构成对仗格式,读起来节奏明快、铿锵有力。

(二)理解与翻译阶段

翻译过程是一个理解和表达相互交织的过程。

1)理解就是顺着脉理或条理进行剖析。这里的"脉理或条理"就是人或物所构成的画面感。那么,理解就是译者将语言转为画面感。

2)表达是把大脑中的画面用一定的语法规则加以符号化。

3)相互交织是指理解和表达在源语和译语中交替出现。

理解和表达的层面包括语音、字词、句式和篇章四个层面,即在理解和表达时要注意表情达意时语音设置、字词用法、句式择用和语篇组织的意图。无论是审美的理解还是表达,译者都应以命题为单位。

1.理解阶段

第一步:命题刈分。

命题刈分就是将语言事实还原为心理事实。换言之,就是将语言转化为画面感呈现在译者大脑中。

1)来(朋友,)

2）有＝"准备有"（我们，好酒）

3）招待（我们，朋友）

4）来（豺狼，）

5）有＝"准备有"（我们，猎枪）

6）迎接（我们，豺狼）

第二步：命题层次化。

将源语画面感中的人或物的属性及彼此间的时空关系和逻辑关系加以等级化或层级化。

1）来（朋友，）

2）有（我们，好酒）

3）招待（好酒，朋友）

4）来（豺狼，）

5）有（我们，猎枪）

6）迎接（猎枪，豺狼）

第三步：命题小句化。

重新将画面感中的各个命题转写成源语句子。

1）朋友来了。

2）我们有（＝准备有）好酒。

3）好酒招待朋友。

4）豺狼来了。

5）我们有（＝准备有）猎枪。

6）猎枪迎豺狼。

2. 表达阶段

第四步：小句翻译。

小句翻译分为字译和句译。字译时要逐字揣摩原文的每一个字词（包括字音），弄清楚文中的内涵，并揣摩如何用译语字词来表达源语字词的内涵。字译的本质并非机械地查阅词典（包括纸质词典和心理词典），而是精心措辞。句译时，既要遵循译语的组词造句的规则，又要考虑句式择用的意图，还要避免源语组词造句规则的干扰。

1)朋友来。

字译:此句中的字词可以在译语词库中提取对应词。

句译:英译时要注意所提取字词的入句规则。须在"朋友"的对应词衔 end 前增加限定词 our,而且要使用其复数形式,译文如下:

Our friends come.

2)我们有好酒。

字译:此句中"有"意为"准备有",即 prepare。

句译:We will prepare good wine.

3)好酒招待朋友。

字译:汉语中"招待"具有情感,可以译为 feast。

句译:句中"好酒"与"招待"具有被动关系,故译为英语被动句:The wine is feasted for them.

4)豺狼来。

字译:汉语中"豺狼"是两种动物,对应英语的 jackal 和 wolf。汉语"豺狼"同时隐喻"坏人",英语中 wolf 的隐喻意义是指"经验丰富的投机商"或者"贪婪的人",但并不含有"坏人"的隐喻意义,而 jackal 具有"帮凶,同盟"的隐喻意义。因此,可以只译"豺"不译"狼"。如果是针对所有敌对中国的国家来说,可以把"豺狼"抽象化为"敌人"。

句译:The jackals(Our enemies)come.

5)我们有猎枪。

字译:此句中的"有"意为"准备有"。

句译:We will prepare hunting guns.

6)猎枪迎接豺狼(=敌人)。

字译:此句中"迎接"意为"准备给"。

句译:The hunting guns are prepared for them.

第五步:译语整合。

译语整合就是篇译,即积句成篇。就此句的英译而言,必须用英语积句成篇的规则将各个小句之间的语法关系和逻辑关系体现出来。小句整合时从最低层次的小句开始整合。

从命题层次化中,可以看出 1 句与 2 句、4 句与 5 句之间具有条件关系。而 2 句与 3 句、5 句与 6 句具有修饰和被修饰的关系。同时 1~3 句与 4~6 句具有并列关系。而所有这些关系在英语中都具有形式标志。

3 句与 2 句可以整合为:

We will prepare good wine which is feasted for them.

6 句与 5 句可以整合为:

We will prepare hunting guns which are prepared for them.

1 句与 2~3 句整合后的句子可以整合为:

If our friends come,we will prepare good wine which is feasted for them.

4 句与 5~6 句整合后的句子可以整合为:

If the jackals(our enemies)come, we will prepare hunting guns which are prepared for them.

进一步整合为:

If our friends come,we will prepare good wine for them. If the jackals(our enemies)come,we will prepare hunting guns for them.

以上整合后句子仍然无法体现出说话者所隐含的情感。因此,需要加以润饰。

第六步:译语润饰。

以上五个步骤中,认知和审美几乎是同时进行的。不过,最后一步的译语润饰,审美加工更为明显。所谓审美加工,就是用更好的方式(即音、字、句、篇)把内容(即理、事、情、象)呈现出来。这种更好的方式就是审美属性。虽然不同语言呈现理、事、情、象的方式不同,但也具有共同之处,即音悦、字正、句顺和篇畅,具体地说,就是语音上要有协调性、节奏性和意象性;字词上要有准确性、生动性和形象性;句式上要有自然性、清晰性和情感性;语篇上要有整体性、节奏性和意境性。

以上句子还可以根据说话者的审美意图进一步润饰。从字词上看，以上句中的 prepare 属于概念词，体现不出说话者的情感色彩。因此，可以改用 feast。

If our friends come, we will feast good wine for them. If our enemies come, we will feast hunting guns for them.

(三)后翻译阶段

后翻译阶段是指译者根据审美意图对翻译表达是否再现原文审美信息，是否实现审美意图加以核定的过程。无论是在翻译过程中还是原文翻译结束后，译者都会随时调用预设意图和意图计划来核实和检验已经翻译完成的内容。如果译语表达不准确或有违预设意图或意图计划，译者会重新对原文和译文相关部分按照审美理解—意图比对—意图选择—审美表达—意图核定路径进行翻译润饰，直到满足预设意图和意图计划的要求为止，整个翻译才算结束。

以上整合后的译句虽然把原文意义表达出来了，但句子太臃肿，原文的审美意图似乎不明。因此，还有待进一步润饰。

如果将原文句子用作标题，显然以上整合后的译句仍不适合，因为句子太长，所以可进一步润饰为：

Friends(will be) feasted with good wine, but enemies with hunting guns.

如果原文句子是出现在正文中，那么原文充分体现了说话者的态度，因此译文不适宜用被动句，而应用主动句把 we 的态度充分体现出来。可以润饰为：

We will feast our friends with good wine, but our enemies with hunting guns.

从以上论述看，翻译并不是语言之间的一一对应式的转换，而是将源语所呈现出来的理、事、情、象用译语的音、字、句、篇再现出来。从审美心理角度看，任何译者都希望以更好的方式将原文的理、事、情、象再现出来。这个"更好的方式"就是审美属性,主要体现在音、字、句、篇上。但在翻译过程中,译者既不能随意增加原文没有的审美属性,也不能随意删减原文的审美属性。这就要求译者既要解读出原文的审美属性,又要精心提炼译语,将原文的属性再现出来。前者简称审美解读,后者简称审美表达。

第五节　美学视角下翻译研究的历程

翻译是将两种语言进行转换的过程,这一过程中体现出译者的创造性,而一切创造性的东西都具有美的内涵和特征。自然界、艺术领域、社会生活中但凡与美有关的事物都是美学的研究对象。世界上的社会美、自然美、艺术美、形式美、科技美以及美的反面——丑都属于美学审美形态的范畴。众所周知,语言是反映自然、社会、文化、思维的一种典型形式,语言的基本属性之一就是美,语言艺术上的美同样是美学的重要研究对象。翻译是关于语言的一门学科,其研究需要通过语言来进行,因此翻译与美学是通过语言紧密联系在一起的,这是一个客观现实。

翻译美学,即通过分析审美客体、审美主体以及二者之间的关系,然后采用再现手段传递审美客体各层次的美学信息。在翻译美学多维化标准的指引下,研究译者驾驭两种语言相互转换的能力以及美学信息的鉴赏能力,最终真实展现两种文化丰富的内涵和深厚的底蕴。

具体而言,译者在对原作与译文进行审美判断时,可以依据美学的审美标准来划分,在美学原则的指引下分析原文与译文中的美学要素,尽量将原文中的美学要素移植到译文中。由此可见,翻译过程与原文、译文是紧密结合的,是一个动态的艺术创造和艺术审美过程。

从历史的角度看,中西方翻译美学的历史十分悠久。

一、西方美学视角下翻译研究的历程

罗马著名的翻译家、译论家西塞罗（Cicero）的翻译理论被认为是西方翻译理论之始，他的翻译理念深受柏拉图美学观念的影响。对于古典美学观，柏拉图提出了四个要点。[①]

1)"美本身"的问题。这主要是指一切美的事物具有自身成为美的潜在品质。

2)美的相对性和绝对性的关系问题。

3)美的理念论。柏拉图认为理念是一种模态或元质，是绝对的、不容置疑的，是一切事物的原型所在。也就是说，"美本身"是绝对的，美的理念是永恒的和绝对的。

4)美的认识论。

正是由于受到上述古典美学观点和泰特勒美学思想的影响，西塞罗提出了翻译的气势论、自然论，认为译者在翻译过程中应该像一名演说家，使用符合古罗马语言习惯的语言来翻译外来作品，从而吸引、打动读者，引起读者的情感共鸣。

罗马诗人贺拉斯（Horatius）所提出的翻译理论与西塞罗十分一致。他反对只注意原文而忽视译文的翻译观，坚持活译。在贺拉斯所写的《诗艺》一书中，他提出了"忠实原作的译者不会逐字死译"，而会采用"意对意"（sense for sense）的翻译原则，因为"逐字翻译"只顾字面上的忠实而不是"意义上的忠实"。翻译理论中"忠实"这一核心议题就是由贺拉斯提出来的。作为一名抒情诗人，贺拉斯还提出在翻译过程中应遵循审美标准，从艺术的角度来探讨翻译，十分赞同斯多葛（Stoic）式的淡泊美和泰勒斯（Thales）提倡的自然美。

综上所述，西方古典译论自西塞罗和贺拉斯开始就与美学紧密相关，他们所提出的翻译论述也成为西方美学译论的曙光，对

---

① 　武锐.翻译理论探索[M].南京：东南大学出版社,2010:103.

后世的翻译家们产生巨大的影响，大大推动了拉丁文化在欧洲的传播。

到了近现代，很多美学家积极参与到翻译问题的讨论中并提出了很多具有启发性的真知灼见。虽然没有充分的证据来说明当前盛行的翻译理论都与美学有关联，但认真探究就会发现每一个理论都会或多或少受到美学思潮的影响。可以说，现代翻译理论来源众多，美学就是其中的主要来源之一。正是译学和美学的紧密结合最终形成翻译美学这门学科。

二、中国美学视角下翻译研究的历程

首先，继承和发展传统译论。中国的翻译美学是在中国传统译论的基础上发展而来的，是翻译美学理论纲要不可或缺的组成部分。在传统译论中，意与象、神与形、意境、风格等被保留和提炼，被当代翻译美学的学者进行更加科学化的阐发。当前学者关于翻译美学的著述中都对传统翻译译论进行分析和梳理。例如，刘宓庆在形式系统和非形式系统中论述形与神的问题，并在非形式系统中具体研究意象、意境等问题。由此可见，当前的翻译美学并没有抛弃中国古典美学的精粹，古典美学仍然是当前翻译美学理论的来源之一。

其次，研究和论述方法从宏观到微观逐渐深化。这种方法与之前人们分析和论述翻译审美客体的概括方法相比，现在的翻译美学研究方法逐步向微观方向深化。例如，以往形容翻译审美客体时常会使用一些风骨、气势、神韵等比较模糊的表达手法，而现在则从字、词、句、篇、意境、意象等角度对翻译审美客体进行探究。傅仲选就对翻译审美客体的语言形式美和意美进行了细致分析，他指出音位层、词层、句子层属于形式层面，而意义、实用意义、语言内部意义等则属于内容层。另外，在实用意义中还详细分析语体色彩、感情色彩、语域色彩以及词的转义等内容。

最后，借鉴和运用西方翻译美学理论。当代西方翻译流派众多,我们可以将西方翻译美学的一些精粹引入我国的翻译美学理论体系中。例如,接受美学理论重点研究读者、文本在整个接受活动中的地位和作用。根据接受美学的理论,读者自身所具有的理解能力、期待视野、审美能力等直接影响着翻译文本的理解、接受程度。换言之,翻译审美客体审美价值的实现需要以读者的理解为前提条件。这要求译者调整原文的写作内容和阅读视角,充分考虑译者的主体性作用。

综上所述,中国当代翻译美学以中国古典译学思想为滋生土壤,借鉴和吸收西方翻译美学的相关理论,扩充和丰富自身的翻译美学理论体系。在一定程度上可以认为,当前中国的翻译美学理论框架已经形成,研究方法和论证方法也体现出科学性的特征。

第八章　翻译审美解读与表达的心理机制

翻译审美解读是为了获取作者及其文本所承载的审美意图和审美属性。而翻译审美表达是译者在一定的审美意图的控制下用译语将源语文本的审美意图和审美属性再现出来。那么,翻译审美解读与表达的心理机制是怎样的呢? 本章重点探讨这一问题。

第一节　翻译审美解读的心理机制

翻译审美解读的过程是"译者在审美意图控制下对原文文本进行'观''悟''品'的审美过程"①。

在审美解读过程中,要审出文本的审美属性,译者需要做到以下三点。

译者首先应摒除杂念,保持内心虚静,审美需要无功利的审美心境,从而快速地直观到文本的审美属性(妙悟)。

其次,译者应充分发挥想象力(神思),达到"神与物游、思与境活"的境界。要达到这一境界,译者还需要设法调动自己内在的情感(人情),将自己设身于作者或人物之境地,从而实现"缘境探情"。

最后,要透彻解读原文文本的内实,译者还应对原文进行知人论世和附辞会义式的理性分析,也就是"品"。

---

① 　颜林海.翻译审美心理学[M].北京:科学出版社,2015:67.

由此可见,翻译审美解读的本质就是译者通过"观""悟""品"文本外形的审美属性,解读出文本内实的审美属性的过程。

一、翻译审美解读中的观照

翻译解读中的审美观照是指"译者通过眼与耳对原文承载的审美属性做出的感性反应和认识"[①]。

(一)静观

翻译解读中的静观指译者"澄怀"(即抛弃私心杂念和功利事务),虚静观原作之美的心理状态(颜林海,2015)。

在翻译解读的过程中,译者的心理活动非常复杂。译者对原作之美的观照不是在所有情况下都会发生的。译者要想观照出源语所承载的审美属性,必须保持一种审美心境。也就是说,译者只有处于"虚静"状态时,才可能发现源语的美。

需要提及的一点是,"虚静"状态并不意味着译者可以完全无所思、无所想,而是在"翻译过程中,没有任何世俗的功名利禄,只有纯净的意象世界"(欧内斯特·布莱索,2010)。

(二)神思

翻译审美解读中的"驰神运思"是指译者将源语语言符号所表示的事物在头脑中依据时空的关系进行形象化。

译者的驰神运思有以下两点体现。[②]

1)译者既要以语言感知理解的准确性为基础,又要以平日对事物形态及其象征意义的亲身感受作为前提。

2)译者在解读时的情感投入与原作的思想情感产生共鸣,在进行翻译时,译者的心灵"必须飞到遥远的历史时代,飞到遥远的异国,看到那里的人民的生活和劳动,看见他们的风俗人情、生活

---

① 颜林海.翻译审美心理学[M].北京:科学出版社,2015:67.
② 同上,第67—68页.

状况,看见他们内心的思想和秘密和他们一起为真实的生活问题喜悦、悲哀,交际、忧愁。只有当译者像原作及其同时代的读者一样感受到这种历史时代的精神,和当代人民同呼吸、共命运的时候,他们才能真实地、生动地把历史生活的画面描绘出来"①。

二、翻译审美解读中的体悟

翻译审美解读中的体悟是译者通过物以情观和切身体验来对美进行的领悟。

(一)情观

在翻译过程中,译者以"情"观原作,使译者在情感层面与作者产生共鸣,实现交融的目的,这就是翻译审美解读中的"物以情观"。正如张今(1987)所说:"从美学上讲,这就是把译者的审美经验和作者的审美经验最大限度地统一起来,深入到原作艺术环境中去。用文学家的语言来说,这就是译者和作者心神交融,合为一体,达到心灵上的契合。"②

对译者来说,"物以情观"是译者与作品之间产生的一种心灵交融、一种心灵体验。换言之,译者在翻译时使自己置身于所译作品中人物所处的环境中,将自己当作作品中的人物,甚至可以达到忘我的境地。

译者的"物以情观"是译者的知情意融入原作之中。

译者的知情意融入原作的过程是指译者的情绪通常会随着原作的变化而发生改变,或者是译者的知情意与原作所呈现的知情意基本一致。对于翻译,尤其是文学翻译而言,入情是必不可少的。

茅盾曾说:"更须自己走入原作中,和书中人物一同哭,一同笑。"译者要做到"物以情观",必须"设身处地"体悟原作。

---

① 张今.文学翻译原理[M].开封:河南大学出版社,1987:68.

② 同上,第33页.

（二）设身

译者在对原文文本审美解读时，"设身而处当时之境会"，即翻译审美解读中的"设身处地"。

其中，"当时之境会"指译者不仅应使自己设身于作者所处的时代背景与创作的时代背景，而且需要使自己设身于作品人物所处的典型环境。例如，若译者对莎士比亚的作品进行翻译，就应将自己"设身做莎士比亚"，回到莎士比亚的时代。

译者在进行翻译时需要将自己设想为原文作者、原文文本中的人物，置自己于作者的时代、文本人物所处的环境中，从而使译文忠实地再现原文所承载的理、事、情、象，使其融会于译者的心里。

对于译者而言，"设身而处当时之境会"是审美理解一个重要的方法。"翻译过程中，译者就是作者，是作者的心，想其所想；是作者的口，言其所言；是作者的眼，见其所见；是作者的手，书其所书；是作者的腿，行其所行"（欧内斯特·布莱索，2010）。

翻译解读中的审美感悟是译者对原文文本审美属性的"耳闻"（口译中）和"目睹"（笔译中）。通过"耳闻"和"目睹"，译者对原文的审美属性（即妙）形成一种快速而直观的有感而悟（悟）。"妙悟"对于翻译审美解读是不可或缺的。"妙悟"本质上是一种审美直觉心理机制。在翻译审美解读过程中，译者的直觉主要体现在"译者对原文文本的音、字、句、篇及其构成的艺术形象有一种敏感的相识认同感。"[①]

三、翻译审美解读中的品藻

翻译审美解读中的品藻是指译者透过源语文本的音、字、句、篇所承载的审美属性，对源语文本理、事、情、象进行领会的过程。

[①]　颜林海.翻译审美心理学［M］.北京:科学出版社,2015:69.

原文文本的审美属性主要涉及三个方面：原文的审美形式、审美内容及二者之间的相互关系。

（一）论世

在前翻译阶段和翻译审美解读阶段，"知人论世"要求译者要清晰地了解自己的能力，同时要求译者要了解对所译作者及其作品的相关信息。这些信息主要包括以下三个方面。

1）作者的生平、历史背景以及写作风格。

2）所译原文的意图和风格。

3）作品中涉及的人物、地名和事件等细节信息。

需要指出的是，译者无论怎样对作者进行知人论世，他的审美解读最后要落实到对原文文本的审美属性的解读。

（二）附会

附会是审美表达的方法，也是审美理解的方法。强调文本的整体观和结构观是附会的核心所在。因此，在文本的整体观和结构观的关照下，译者应对原文文本进行解读。

附会作为中国传统文论中的创作原则，注重文本创作的整体观和结构观。创作是这样，审美理解也不例外。

翻译审美理解指理解原文文本在外形和内实及二者关系上的整体性和结构性。就审美理解的对象而言，译者的审美理解主要涉及以下三个部分。

1）原文文本音、字、句、篇等外形的秩序、节奏和辞格。

2）理、事、情、象等内实的秩序、节奏和辞格。

3）外形与内实的有机联系。

所以，附辞会义包括两个层面的内容。

1）文本外形的附辞会义。

2）文本内实的附辞会义。

这两个层面的理解均要考虑文本的整体观和结构观，也就是"总文理，统首尾"。

总之,翻译审美解读既要求主体在虚静的审美心境下倾情投入,又要求译者驰神运思,且设身于对作品的体悟;既要求译者对作者及其作品进行知人论世的分析,又要求译者对文本在表层结构和深层结构中表现出的审美属性(即秩序、节奏和辞格)进行"附辞会义"。

翻译中的审美解读实际上是译者对原文美学属性的寻找过程。美学属性体现理、事、情、象和音、字、句、篇上的有机结合。就解读过程而言,译者通过对原文音、字、句、篇的审美属性来对原文的理、事、情、象加以解读。所以,解音、解字、解句和解篇是翻译审美解读的主要内容。

第二节　翻译审美表达的心理机制

翻译审美表达是译者在一定审美意图控制下使用译语将源语文本的审美意图与审美属性再现出来的过程。由此可见,翻译审美包括"在一定的审美意图的控制下"的审美构思和"再现原文文本的审美意图和审美属性"的审美表达。

但是,语言不同,审美意图与审美属性呈现的方式也不同。翻译审美创作过程本质上依然是"意有所指"的过程,即译者通过译语文本外形(即音、字句篇)来"意有所指"源语文本内实的过程,即"意理、意事、意情、意象"的过程。

从翻译本体论的角度看,译者的任务应是再现原文文本所承载的审美属性。但是,在具体的翻译实践中,译者不同,其审美意图、审美标准、审美定式乃至审美方法都可能不同,所以译者在"意有所指"的过程中通常会将自己的审美理念赋予译语文本。翻译审美创作包括两个阶段,即审美构思和审美表达。

一、审美表达过程概论

如果说翻译审美解读要化"字"为"境"，即将原文文本所描写的境在译者大脑中进行呈现，那么翻译审美表达就是要把原文呈现在大脑中的"境"用另一种语言描写出来。换言之，翻译审美解读的本质是"胸有纸中竹"，而翻译审美表达则是"成竹跃纸上"。翻译审美表达就是要使原文的境象得以再现。

(一) 翻译审美构思

一般而言，译者在翻译审美表达前会依据审美意图拟订自己的审美标准来构思译文文本。

在审美构思的过程中，译者应考虑以下四个方面的问题。

1. 翻译审美意图与审美构思计划的选择性问题

翻译审美意图与审美构思计划的选择性问题是翻译审美构思需要考虑的第一个问题。

在审美再现中，译者可以选择译者的意图，也可以选择作者的意图。以译者意图进行构思时，译者会在结合自己意图的基础上对原文文本内容及其审美属性做出取舍。译者一般首先会选择作者的意图来设计构思计划。但是，在选择作者意图进行构思计划时，译者应当对原文文本审美属性的可译性或可译性程度问题予以考虑。

若作者意图和源语文本审美属性不可译，译者选择依据译者意图来设计构思计划。若源语文本的审美属性可译而只是出现了可译性程度问题，这时译者还是会根据作者意图来设计构思计划，且选择合适的翻译策略，使译文再现原文文本的审美属性。

2. 译语文本谋篇布局的问题

译语文本谋篇布局问题是翻译审美构思需要考虑的第二个

问题。

　　审美意图不同,译语谋篇布局的详略也不尽相同,这是因为意图控制着谋篇布局。依据作者的意图构思计划时,译者可根据源语文本的谋篇布局进行构思,保持源语文本各要素(题材、人物、情节、场景等)完美和谐,形成统一的整体。

　　在译语文本的外形上,谋篇布局涉及炼音、炼字、炼句和炼篇。译者通过音、字、句、篇等层面的锤炼,将译语文本外形与源语文本内实加以整合,从而形成一个和谐的整体,也就是使源语文本的审美风格得以保留。

3.源语文本和译语文本的风格问题

　　翻译审美构思还要考虑源语文本和译语文本的风格问题。

　　作家在作品中所表现出来的格调特色即为风格。作家的风格受多种因素的影响,作家的个性、思想、感情、生活知识、选择的题材、运用文学语言的习惯与特色等。所以,要理解风格,应考虑文本外形和内实所构成的和谐整体。翻译理应使作者在原文文本中体现出来的风格得以保留。

　　然而,在翻译审美构思中,如果以作者意图为翻译意图来设计审美构思计划,谈论保持源语文本风格问题才有必要探讨。同时,若将作者的风格仅理解为文本的语言形式,翻译则永远不可能,自然保持源语文本风格也无从谈起。

　　翻译中源语文本和译语文本的风格问题是"译语文本外形与源语文本内实所构成的整体格调特色,以及源语文本外形与内实所构成的整体格调特色是否相符的问题"[①]。

4.再现原文文本审美属性的翻译手段问题

　　除了上述几个问题之外,翻译审美构思还要求译者考虑再现原文文本审美属性的翻译手段问题。也就是说,译者是怎样在审

---

① 　颜林海.翻译审美心理学[M].北京:科学出版社,2015:91.

美意图的控制下,通过翻译手段来谋篇布局、保持源语文本的风格、再现源语文本的审美属性的。其中,翻译手段包括翻译单位、翻译策略以及翻译步骤。

翻译单位指译者审美再现时大脑信息加工的单位,译者审美再现时应以命题为单位。

翻译策略是译者在翻译时用来解决问题的手段,主要包括"宜""异""易""移""益""遗""刈""依"。

翻译步骤是译者审美再现时的操作秩序。翻译表达的步骤主要有小句翻译、译语整合以及译语润饰。

(二)审美表达单位

无论是认知加工还是审美加工,无论是翻译理解还是翻译表达,均以命题为加工单位。

命题是人、物、观念之间所呈现出来的属性,包括时间关系和空间关系。人、物和观念在生活中的状态、运动、变化即为时间关系。人、物和观念在生活中的相邻关系则是空间关系。

若将"生活"比拟为一幅鲜活的画面,人、物、观念就是构成画面的要素,而这些要素之间需要依据一定的时间关系与空间关系进行排列组合。要素或要素之间便构成一个命题。若用语言进行描述,人、物和观念一般可用名词表示,时空关系则多用动词、系词、形容词和介词表示。构成的命题包括动词命题、系词命题、形容词命题和分词命题。每一个命题均可转换为一个自然语言化的小句。

人们依据一定的秩序与节奏,通过语言来描述或体现生活中的人、物和观念在时空上的整体性。这种按"秩序"和"节奏"来描述或表现"整体"方式即为审美。

"如果说翻译审美解读是将源语文本刈分成系列命题,寻找系列命题之间的秩序性和节奏性,即命题层链化,最后将命题小句化,从而构成一个情景画面,那么翻译审美表达就是译者按照一定的审美意图,将从源语刈分出来的具有秩序性和节奏性的系列命题,整体性地用译语再现出来的过程。"①所以,翻译审美表达也以命题为翻译单位,从而使原文与译文的命题与情景画面保持一致。

总之,翻译审美表达需要译者精心锤炼,包括炼音、炼字、炼句以及炼篇。

(三)审美表达策略

在翻译过程中,译者用译语的形式来表达源语内容时所采用的步骤和手段即为翻译策略。通常情况下,在翻译过程中,译者若遇到一些难题而有不能立刻找到最佳解决方案时,通常会利用记忆搜索来将大脑信息网络进行激活,先找到一个临时处理方法,然后再进行优化,最终找到最佳解决方案。

翻译表层编码其实是通过一系列翻译策略来实现的。虽然译者不同,采取的翻译策略也可能不同,但都离不开"译"。

"译"指可通用于任何两种语言之间的翻译策略。"译"的内容主要包括"宜""异""易""移""益""遗""刈""依"。其中"宜"和"异"既指包括其他六种策略的宏观性策略,又指与其他六种策略并行的微观性策略。微观性策略是译者用译语表达原文内容时使用的手段;宏观性策略是译者利用其他六种策略使译语达到的某种效果。

二、翻译审美表达心理机制

(一)审美观照

1.静观

在翻译解读时,译者应保持"虚静";在翻译表达时,译者也要

---

① 颜林海.翻译审美心理学[M].北京:科学出版社,2015:92.

保持"虚静"。

　　具体而言,译者经过自身对源语的分析与理解,并结合自己的审美构思之后,在审美表达前所保持的一种非功利、非世俗的审美心境,是译者荡漾在"胸有成竹"的审美意境中的一种宁静的状态。

2.神思

　　翻译表达要求译者进行驰神运思。正如茅盾所说:"好的翻译者一方面阅读外国文字,另一方面却以本国语言进行思索和想象;只有这样才能使自己的译文摆脱原文的语法和语汇的特殊性的拘束,使译文既是纯粹的祖国语言,而又忠实地传达了原作的内容和风格。"[①]因此,译者对源语进行解读过程中,先将源语转化为一种情景或现实,再用译语再现出来。在用译语再现的过程中,译者沉浸在译语所呈现的情景或现实中,并穿梭于两种情景中,找到契合点。

(二)审美体悟

1.情观

　　原文是作者真情实感的艺术表现形式,这种真情实感的艺术表现即为作者的审美体验。作者的审美情感是个人的情感,同时是整个人类的情感。

　　从本质上来看,翻译审美活动是译者对原文审美内容和审美属性的一种体验,这包括原文所呈现出来的审美情感。也就是说,译者只有充分体验到原文蕴含的情感,才能结合审美意图将原文所蕴含的情感再现出来。需要提及的是,译者要体验原文蕴含的情感,需要与自己的审美心境达成共鸣,只有这样翻译才能算作审美翻译。

---

　　① 罗新璋.翻译论集[M].北京:商务印书馆,1984:513.

翻译作为一种审美活动,译者一般会随着情感的融入,使自己与原作人物实现认同。这一认同是以译者自己的审美态度为基础的。

在翻译表达过程中,"披文入情"要求译者要像作者一样对原文蕴含的情感有一个"入情"式的领悟,又要以译语读者的角度"入情"式地选用每一个字词、设置每一个句式及布局每一个篇章,还应结合译语读者所处的时代背景对源语文本中的审美信息进行取舍,并进行适当的调整。

2.设身

在翻译表达时,译者的"设身处地"涉及以下两个层面。

1)"设身"做作者,即译者以作者的身份将审美内容传递给译语读者。

2)"设身"做读者,即译者以读者的身份,在译语意境中与作者对话、与作品中的人物对话。

由此可见,译者既要以作者的身份斟酌每一字词、句式和篇章来传递和描写特定的意境,又要以读者的身份体会译语的每一字词、句式和篇章所呈现的意境,同时要对比这两种意境。在进行对比的过程中,译者的两种身份常常会相互冲突,这使译者结合翻译的审美意图来进行取舍。

悟的最高境界是妙悟。在审美表达的过程中,妙悟是译者对所用的译语字词与源语字词之间在匹配性上的一种直觉性的领悟。这种妙悟与译者对源语和译语的修养有很大的联系。

(三)审美品藻

1.论世

这里的论世指知人论世。在翻译表达和后翻译阶段,要做到知人论世,译者需要对下面的问题进行核实比对。

1)所选字词、句式、篇章与源语文本的总体风格是否一致。

2）源语文本的意图在译语文本中是否有体现。

3）若有象征意义，译语文本是否再现了源语作品的人物、地名以及事件的象征意义。

2. 附会

这里的附会指附辞会义。在翻译审美表达过程中，附辞会义指"译者字斟句酌译语的每一个字词、句式和篇章使其文理总为一体、首尾统一、前呼后应，而不是孤立地使用字词、句式和篇章"（颜林海，2015）。应以"六观"为本，字斟句酌。

1）观位体。对表达而言，译者应观察译文是否准确地表达了原文作者的情思，译文的体裁是否与原文一致。

2）观置辞。对表达而言，译者应观察自己的遣词造句是否准确地表达了作者的情思。

3）观通变。对表达而言，译者应观察分析译文是否再现了作者的风格。

4）观奇正。对表达而言，译者应观察自己的翻译手法是否传递出作者的情思和意图。

5）观事义。对表达而言，译者应观察译语如何将作者用典的意义和意图表达出来。

6）观宫商。对表达而言，译者应观察自己所择用的字词的语音、句子节奏是否与原文意图一致。

第九章　翻译审美解读与表达的具体过程

熟悉了翻译审美解读和表达的心理机制,接下来就要转向具体的操作问题,即翻译审美解读和表达的过程。本章详细研究翻译审美中解读与表达的具体过程,具体包括对音、字、句、篇的解读和表达。

第一节　翻译审美解读的具体过程

一、翻译审美中对音的解读

(一)解读音的过程中需要参照的标准

在翻译审美中,对音的解读需要参照一定的标准,具体包括解音实和解音形两个方面。

1.解音实

所谓解音实,是指解读源语语音配置所表达的"内实",具体涉及解音理、解音情、解音象。通过对源语语音的解读,弄清源语语音的意义,就称作"解音理"。译者通过对源语语音的解读,弄清楚源语语音所表达的内心情感,并在情感上与作者产生共鸣,就称作"解音情"。译者通过对源语语音解读,在大脑中唤起发出该语音的事物形象,就称作"解音象"。

— 195 —

2. 解音形

解音形就是对源语语音配置的秩序性、节奏性和修辞性进行解读。首先，语音的秩序性主要体现在音律上，所以应对源语语音秩序的意图进行解读。其次，语音的节奏应该做到句式中各个字词之间错落有致。最后，还应该解读出源语语音修辞的意图。

(二)解读音的过程中可以采用的方法

在翻译审美中，解读音时可以采用的方法有因音求义、因音求象、因音求情。

1. 因音求义

顾名思义，因音求义是指译者通过原文语音来解读出语音所代表的象征意义。例如，/s/、/z/等摩擦音主要象征静寂，代表着某种自然的声音，如水的沙沙声、风的嘘嘘声等。sloth，serpent，snake，scorpion 等都包含/s/音。英语中带这个音的词有很多，如rustle，hiss，brush 等。柯斯林（Collins）的 *To Evening* 中的诗句"Now air is hush'd, save where the weakey'ed bat, with short shriek flits by on leathern wing."其中/s/音的频繁出现充分展现了黄昏时分万籁俱寂，唯有蝙蝠细声尖叫的情景，让读者感受到一种幽静之美。

2. 因音求象

因音求象就是译者通过对原文语音的解读，在大脑中唤起发出该语音的事物形象。例如：
Hey, diddle, diddle,
The cat and the fiddle.
The cow jumped over the moon,
The little dog laughed to see such fun and the dish ran away
with the spoon.

(资料来源:颜林海,2015)

这是一首流传于北美的儿歌 *Hey,diddle,diddle*。从外形上看,这首儿歌一共有四行。从语音字词上看,这首儿歌采用了 aabb 的押韵方式。音节逐行递增,但读起来仍然很上口。从句式上看,儿歌的第一行使用了叠音叠字 diddle,成功地引起读者或听众的注意;第二行引出了主语 the eat 和 the fiddle,形成了倒装句式,最终制造一种悬念;第三句和第四句使用正常语序,并且句式越来越长,这也体现了儿歌的特点,即随着儿童对儿歌越来越有兴趣而逐渐增加信息内容。从内容上看,这首儿歌的语义十分有趣、意象杂但不乱。儿歌中经常出现双关语或谐音词,如这首儿歌中的 diddle 和 fiddle,不仅押韵而且语义双关。diddle 既可以表示"骗",又也可以理解为"玩";fiddle 既可以表示"琴",又可以表示"拨弄""玩"和"骗"。这两个词均有"骗"的含义。这两个词除了字首辅音不同,其他音素全都相同,从而构成谐音——"以讹传讹"。第二行中的 and 是并列连接词,其在逻辑上显得很奇怪。因为在通常情况下,人们是不会将猫和琴并列起来的。然而,经过认真分析和揣测就可以理解了。首先,在儿童心里,世间的一切都是有生命的,所以采用这种语义内容上的"倒置之乖"反倒可以产生奇特的意趣。其次,如果将这两个词看成两个意象并在它们之间增加一个 fiddle 就可以构成另外一层意思。按照这种逻辑,第三行的母牛与月亮,第四行的小狗、碟盘和汤匙就构成奇特有趣的情景模型。因此,这首儿歌可以翻译成:

嗨,骗啊骗,玩啊玩,

猫儿拨弄琴声乱,

母牛跳过月弯弯,

狗狗见了,脖笑弯,碟盘私奔,汤匙转。

3.因音求情

因音求情是指译者通过对原文语音进行解读,可以在心灵上与作者产生情感共鸣。例如:

Break,Break,Break,
Alfred,Lord Tennyson

Break,break,break,
On thy cold gray stones,O sea!
And I would that my tongue could utter
The thoughts that arise in me.

O,well for the fisherman's boy,
That he shouts with his sister at play!
O,well for the sailor lad,
That he sings in his boat on the bay!

And the stately ships go on
To the haven under the hill;
But O for the touch of a vanished hand,
And the sound of a voice that is still!

Break,break,break,
At the foot of thy crags,O sea!
But the tender grace of a day that is dead
Will never come back to me.

（资料来源：颜林海，2015）

　　1835年，丁尼生写成这首诗。诗人丁尼生到梅布尔索普旅游，并与朋友相聚，之后同朋友一起到林肯郡看望自己的妹妹埃米莉，并且发现她曾在一封信中描写的碎浪，于是有感而发写成这首诗。这首诗主要描写丁尼生的失落之情和孤独感，文风细腻。

　　这首诗是丁尼生为朋友海拉姆之死而写的。早在1829年，海拉姆和丁尼生就成为朋友，并且爱上丁尼生的妹妹埃米莉，但受到海拉姆父亲的反对；但是，海拉姆仍然坚持维护这段爱情，并正式对外公开自己非常爱埃米莉，但没过多久就离开了人世。

这首诗的特别之处在于，题目就是诗的第一行——*Break,Break,Break*。三个词的简单重复却有着多种内涵。首先，三个词表示拟声词，模拟的是大海波涛撞击海岸的声音；其次，暗指大海波涛吞没了诗人的好友；最后，表达了诗人因好友的坠水亡感到伤感。

Break,break,break 虽然只有三个音节，并且是一个音节的重复，但其中的长元音/i:/和逗号共同构成了六个音节，从而形成三个音步。其中，break 既是动词，又是拟声词，一方面可以指海浪声让人心碎、痛苦欲哭泣；另一方面可以指撞击岩石的声音。

第五句和第六句被分成两行，引出此诗的主题思想——大海波涛勾起了诗人的万般思绪。这两行诗也是整首诗的中心句。I would＝I wish。utter 属于拟声词，thoughts 为宾语，复数表明作者将在下文逐一回忆过去所经历的事情，that arise in me 是定语从句。

第七句到第十句主要是对过去欢乐场景的回忆。例如，第九句和第十句被拆分为两行，原来的 boy 如今成为 sailor lad，描写 sailor lad 欢快的水手生活。

第十一句到第十四句也是对过去时光的回忆，但是预示着朋友的离去。其中，第十三句和第十四句就被为拆分为两行，主要描写作者的祈愿，其中 a vanished hand 和 a voice that is still 表示死亡。

第十五句至第十八句再次呼应主题。Break,break,break 用/i:/来押韵。长音象征着忧伤绵长、痛苦不绝。

二、翻译审美中对字的解读

(一)对字实的解读

解字就是译者除了要正确地解读源语字词的意有所指，还要精心提炼和正确地使用译语字词将源语字词的意指表达出来。

1. 解字理

人类经常会用一些符号表达某些意图，使得语言字词承载着很多意义。解字理要求译者解读作者的语言字词在特定语境下的意图，其意义包括概念意义和引申意义。例如：

妈，不要像老鼠一样走路，来，马路很平，我牵你手，不会跌倒的。

Mom, don't walk like a mouse. Come on, Morn. The road is even. I'm holding your arm, and you will not tumble.

这句话是作者在陪母亲散步时所说的话，因为母亲患有脑萎缩，所以走起路来十分小心，生怕跌倒。所以，作者告诉母亲"不要像老鼠一样走路"。

2. 解字事

因为人类的经历十分丰富，所以他们经常会用一些字词将所经历的事情浓缩下来。因此，译者需要弄清楚作者或说话者使用某一字词时想表达的事情或所蕴含的典故事义。例如：

To See Putin and Die

如果将这句话翻译成"见普京必死"，那么就是典型的望文生义，因为没有弄清这句话的来源及其隐含的典故。

3. 解字情

因为人类属于情感动物，所以在使用有限的符号时，习惯赋予其特定的情感，这样才能打动他人。因此，译者需要弄清楚作者在特定语境下的赋予字词的情感。例如：

A workbench (a) to my right (b) stood (c) disgustingly (d) empty.

如果将这个句子中的 disgustingly 翻译成"突兀"，那么就说明没理解 disgustingly 承载的情绪色彩。

4.解字象

人类生活的世界是丰富多彩的、形象化的。世间的一切都有各自的形象。人类一旦将这些形象用字词表达出来时,这个词就有了意象性。因此,在进行审美解读时,译者必须透过作者所用的字词在大脑中再现出意象来。例如:

告别时,照例拥抱,我的头只能贴到他的胸口,好像抱住了长颈鹿的脚。

虽然汉语中的"脚"与英语 foot 有着相同的概念意义,但在实际运用中,汉语中的"脚"的外延要大于英语 foot。根据这句话的语境可以推断出,这里的"脚"是指方言"脚杆",有"腿"(leg)的意思。然而,英语中的 foot 与 leg 所承载的"意象"是完全不同的。

(二)对字形的解读

对字形的解读具体要从以下几个方面入手。

1.字词的形状

字词的形状除了包含其形状本身,还涉及句子是否重复使用。例如:

Break, break, break,

On thy cold gray stones, O sea!

And I would that my tongue could utter,

The thoughts that arise in me.

诗中的 break 在句子中是拟声词,模拟大海波涛撞击岩石所发出的声音:同时,连续重复三次 break,表示海水波涛汹涌,一浪接着一浪,从不间断。

2.字词的理据

一些字词在理据上具有很强的文化色彩,而有的文化色彩意义逐渐消失。译者在对这些字词进行解读时,要弄清楚作者是否强调其中的文化色彩。例如：

真正的朋友，恐怕要算"总角之交"或"竹马之交"了。"总角"语出《礼记·内则》，原指八九岁至十三四岁的少年，古代儿童将头发分作左右两半，在头顶各扎成一个结，形如两个羊角，故称"总角"。"竹马"源于李白的《长干行》，即小孩当马骑的竹竿。这句话中的"总角之交"或"竹马之交"泛指在童年时期就要好的朋友。

3. 字词的修辞

字词的使用手段有同义连文、同义配置、字词互文。译者在解读原文信息时，需要注意这些问题。例如：

将军百战死，壮士十年归。

Generals die in a hundred battles, Stout soldiers return after ten years.

汉诗中"将军"和"壮士"构成互文。大致意思是：将（军）（壮）士身经百战，有的战死，有的十年之后才回家。但译文用字对字、句对句的翻译，英文意思为"将军们在百战中战死，强壮的士兵十年后才会回还"。显然，译文是文理不通的。

三、翻译审美中对句的解读

（一）对句实的解读

1. 解句理

对句理的解读就是对源语句子所表达或所象征意义的解读。例如：

The feeling (a) of loss (b) transformed the (c) bad memories (d) into (e) not, so-bad, the (f) not-so-bad memories into (g) good, and (h) committed the (i) good ones to my mind.

这段文字主要描写的是作者"我"的释怀感，作者没用 change

…into…，而用了 transform…into…，因为 transform 的词形和意义表示 to change the nature，function，or condition of（《美国传统词典》（双解）），即改变事物的性质或状态，并且朝好的方面发展，其既表示改变的过程又表示改变的结果，而 change 则主要指改变事物外形的过程和改变这个动作本身。句子中的 The feeling of loss transformed 表示失落的感觉消失了，即作者得到了释怀。

2. 解句事

解句事就是对句子体现出来的意识流动的主次之分（主旨性和附带性）加以解读。"主旨性"即说话者或作者的主要意图或目的，"附带性"即说话者或作者伴随主旨性意图而附带补充的信息。例如：

（a）I stood in the doorway（b）between the house and garage and（c）wondered if the sunlight would ever again penetrate the memories packed inside those boxes.

（a）和（c）属于主旨性描写，其中（a）是客观描写，（c）是心理描写；（b）为空间描写，译者在理解时应注意"我""门口""房子"和"车库"之间的空间关系。

3. 解句情

解读原文句子所表达出来的情感色彩，从中观察作者的情感世界和作品人物的内心世界，即"披文入情"。例如：

The greatest example（a）of democracy（b）the world has ever known，（c）of openness，（d）of people of different nationalities and faiths（e）coming together as one，（f）would be no more.

这是一个不常见的头重脚轻的句子，其中主语包含了三个介词短语定语（of…，of…，of…），目的是强调主语。

4. 解句象

解句象就是对源语句子承载的意象或画面感以及画中人物

所具有的属性和时空关系进行解读。例如：

The sunlight (a) pushing its way (b) through the window (c) splattered (d) against a barricade (e) of boxes. (f) Like a (g) fluorescent river, it (h) streamed (i) down the sides and (j) flooded (k) the cracks of the (l) cold, (m) cement floor.

译者在对这个句子进行解读的过程中，需要先弄清楚 sunlight, window 与 boxes 之间的空间关系，特别要弄清楚 boxes 与 window 的关系。由作者用了介词 against 而不是 on 以及使用 barricade 的意图可知, boxes 是垒放在窗子旁的，而且挡住了外面的阳光。

(二) 对句型的解读

对句型的解读也是非常重要的。句型主要涉及句子的语法、句式、结构、辞格和节奏。例如：

A year later my fiancée (a) told me she was (b) pregnant with another guy's kid. She (c) had done nothing wrong. We (d) had stopped fighting, almost (e) stopped speaking. (f) We had been on a break.

一年后，未婚妻(a)告诉我说，她(b)怀上了别人的孩子。她(c)并没有做错什么。我们(d)不打不闹,(e)几乎连话也都不说。(f)我们处于分手的边缘。

原文中(d)(e)(f)三个小句均采用了过去完成时，说明这几个动作都发生在(a)句 told 之前，主要对(b)的原因进行解释。然而，译文中的(d)(e)(f)却成为(b)的结果。

(a) Youth is not a time of life, (b) it is a state of mind; (c) it is not a matter of rosy cheeks, red lips and supple knees; (d) it is a matter of the will, a quality of the imagination, a vigor of the emotions; (e) it is the freshness of the deep springs of life.

这段文字是由五个 SVC 句型组成的排比句段。前四个句子都用的是"否定＋肯定"的对仗句式。其中每个句子中的表语部分都带有后置定语。因此,整个段落看起来结构匀称、节奏明快。

(1) Will the reader please to cast his eye over the following verses, and see if he can discover anything harmful in them?

(2) "Conductor, when you receive a fare,

(3) Punch in the presence of the passenjare!

(4) A blue trip slip for an eight-cent fare,

(5) A buff trip slip for a six-cent fare,

(6) A pink trip slip for a three-cent fare,

(7) Punch in the presence of the passenjare!

CHORUS

(8) Punch, brothers! Punch with care!

(9) Punch in the presence of the passenjare!"

(10) I came across these jingling rhymes in a newspaper, a little while ago, and read them a couple of times. (11) They took instant and entire possession of me. (12) All through breakfast they went waltzing through my brain; and when, at last, I rolled up my napkin, I could not tell whether I had eaten anything or not.

根据(1)(2)句中的 went waltzing 得知,(2)至(9)句的节奏都是华尔兹节奏,即每小节多为三步,也有二步或四步。三步节奏为"嘣—嚓—嚓",二步节奏为"嘣—嚓",四步节奏为"嘣—嚓—嘣—嚓"。(2)至(9)句中每句都为九个音节,三步节奏,所有诗行末尾音节都押同形同韵。

四、翻译审美中对篇的解读

(一)对篇实的解读

1.解篇理

译者在翻译语篇时,首先应弄清楚源语语篇作者要表达的义

理,即弄清楚各个句子之间的逻辑关系。例如:

(a) I slowly extracted myself;(b) it was hard for me to accept (c) that it had mostly been about sex for him,(d) that and some damsel-in-distress fantasy (e) I seemed to have dispelled,(f) because I think (g) it's possible (h) that he did care for me at some point.

(a)我慢慢走出了那一段感情;(b)我很难接受我们之间只有性事,(c)也很难接受爱只是一些(d)苦恼少女的幻想的说法。(e)我似乎已经不再幻想,(f)因为我想(g)他可能(h)真的曾经在某些地方关心过我。

这段文字中的(b)句与(f)句构成因果关系,所以翻译时应将(b)句和(f)句靠在一起,否则(f)句所表示的原因就会出现歧义。(c)句和(d)句属于(b)句 accept 的宾语从句;(e)属于定语从句,(g)属于(f)think 的宾语从句。然而,译文将(e)和(f)设置为一句,二者文理不通。

2. 解篇事

译者在翻译语篇之前还应对其中的字词词源的意图进行解读。例如:

The United Kingdom would be no more. No UK pensions, no UK passports, no UK pound.

英国将不会存在,没有英国的养老金,没有英国的护照,没有英镑。

译文中出现的"英国"和"英镑",说明译者并没有理解说话者用 United Kingdom 或 UK 的特殊意图,先前英国是由英格兰、苏格兰、威尔士和北爱尔兰构成的联合王国。在这段文字中,说话者用动情的演讲,劝导苏格兰不要独立,一旦独立,联合王国的一切都没了。原文 United Kingdom(UK)在强调该词的字面意义(联合王国)。

3. 解篇情

对源语语篇蕴含的情感变化,也是译者不可忽视的方面。例如:

(1) This is a decision that could break up our family of nations, and rip Scotland from the rest of the UK. (2) And we must be very clear. (3) There's no going back from this. (4) No rerun. (5) This is a once-and-for-all decision. (6) If Scotland votes yes, the UK will split, and we will go our separate ways forever. (7) When people vote on Thursday they are not just voting for themselves, but for their children and grandchildren and the generations beyond. (8) So I want to speak directly to the people of this country today about what is at stake.

(1)是一个有强调性的定语从句,this is a decision 凝重缓慢,带有明显的演讲气势。(2)至(6)的句式十分简短,语速较为缓慢,语气更加凝重;(7)语重心长,主要为劝导的意图。(8)中的 directly 有警告性的意图。

4. 解篇象

解读语篇中涉及的人或物所构成的画面感,包括人或物所具有的属性和彼此之间的时空关系。例如:

(1)The sunlight (a) pushing its way through the window (b) splattered (c) against a barricade of boxes. (2) (a) Like a fluorescent river, it (b) streamed (c) down the sides and (d) flooded (e) the cracks of the cold, (f) cement floor. (3) (a) I stood in the doorway (b) between the house and garage and (c) wondered if the sunlight would ever again penetrate the memories packed inside those boxes. (4) For an instant, the cardboard boxes (a) appeared as tombstones, monuments (b) to those memories.

这段文字主要描写阳光。(1)是主客观描写句。其中(1a)中的 pushing its way through 是拟人修辞。(1b)splattered 是拟声词,移就格。(1c)用的是介词 against 而不是 on,表明堆积的箱子很高,挡住了窗户,挡住了阳光;a barricade of boxes 为隐喻,直译是"垒砌的箱子"。(2)继续描写阳光。(2a)like a…river 是明喻,(2b)中的 streamed 和(2d)flooded 都为移就格,理解(2c)down the sides 时,应该注意所呈现出来的画面感,其中 the sides 指垒砌的箱子的两边。(3)主客观描写。(3a)客观描写+(3c)心理描写,理解时应注意(3a)"我""门口""房子"和"车库"之间的空间关系;(3c)中的 ever again 是针对(1a)中的 pushing its way through 来说的,与这句话中的 penetrate 同义,所以作者使用 ever again,意思是"也"。(4)是主观描写句,对其进行理解时应注意句中名词的复数意义。

(二)对篇形的解读

1.解体裁

篇形首先体现在体裁上。因此,译者在解读原文档篇形时首先应对其所属文本类型进行解读。语篇文体主要有两种:文学文体和非文学文体,其中文学文体主要有诗歌、散文、小说和戏剧。不同类型的文学文体,均有各自较为稳定的体裁样式。原文通常都是作者"因情立体"的结果。文体不同,写作的技法也就不同。每个体裁的文本都具有结构性,其体现在条理性和照应性上。因此,在对原文进行解读时既要解读源语语篇的条理性和照应性,又要解读原文文本的体裁性。

2.解节奏

语篇节奏的产生主要体现在事理发展、言者情绪的详略、张弛、断续、复沓、顺逆、抑扬、擒纵等辩证技巧的出现上,从而形成文势流动、摇曳多姿的效果,还体现在构成意象、意境的要素在层次上的配置。因此,在对原文进行审美解读时,译者必须解读文本的节奏。

第二节　翻译审美表达的具体过程

一、翻译审美中对音的表达

在翻译审美过程中,对音的表达主要可以从以下两个方面入手。

(一)炼音的标准

炼音是指在保持源语语音所表达"内实"的基础上,对译语的语音配置进行提炼,使译语具有"音悦"性。

1.炼音实

炼音实具体要从以下三个方面入手。

(1)炼音理

译者对译语的语音进行提炼,以便更好地呈现源语语音所承载的义理。译者要避免译语字词的语音产生原文没有的联想。

(2)炼音情

译者对译语的语音进行精心提炼,目的是更好地传达源语语音所承载的情感,使译语语音所抒发的情感与源语语音保持一致和真切。译者要避免所译语字词的语音产生原文没有的情感色彩。

(3)炼音象

译者对译语的语音进行精心提炼,目的是准确地传达出语音所承载形象。译者要避免译语字词语音产生的意象与源语语音所产生的意象不相吻合。

2.炼音形

炼音形具体体现在以下几个方面。

(1)炼秩序

译者在炼音过程中需要对译语字词语音的排序进行精心设置，应该确保每个语音相互协调，避免使读者佶屈聱牙。

(2)炼节奏

译者在炼音时还应对译语字词语音的节奏进行精心设置，以便准确获得源语文本的审美意图。

(3)炼修辞

译者在炼字时还应通过译语语音手段将汉语语音修辞的意图再现出来，可以采用的手段有双声、叠韵、押韵、平仄、谐音、重音、轻声、音节、字调、语调、拟声、儿化韵等。

(二)炼音的方法

1.双声叠韵

双声即两个字或几个字的声母相同；叠韵即两个字或几个字的韵母相同。例如，将英文诗 *Break,Break,Break* 译为《渤洴声声》既可以再现出作者模拟大海波涛撞击岩石的声音，又可以体现出作者的悲切之情。

2.错落有致

错落有致就是译语字词语音轻重、停顿、长短等进行交错纷杂富有情趣的设置，从而更好地再现原文的声音意境。

二、翻译审美中对字的表达

炼字是指提炼译语字词。解字时需要解出字词的"理、事、情、象"，即字实，炼字时也需要做到这些。字词翻译并不是简单地从双语词典中寻找对应的译语字词,而应根据作者的意图(原文的理、事、情、象)来选择字词,即炼字。炼字需要做到"字正",即"用字不妄"。也就是说,译者应该精心地提炼和正确地选择译语字词来表达源语字词的意图,并且要保持译语字词在用法上的正确性和得体性。

(一)炼字标准

1. 炼字实

(1)炼字理

炼字理即应做到译语字词义理具有清晰性,并且可以与源语义理保持一致。例如:

When I was a boy "discovering literature", I used to think how wonderful it would be if every other person on the street were familiar with Proust and Joyce or T. E. Lawrence or Pasternak and Kafka. Later I learned how refractory to high culture the democratic masses were. Lincoln as a young frontiersman read Plutarch, Shakespeare and the *Bible*. But then he was Lincoln.

　　...

I seem to have had a persistent democratic desire to find evidences of high culture in the most unlikely places.

我还是个"探索文学"的少年时,就经常在想:要是大街上人人都熟悉普鲁斯特和乔伊斯,熟悉 T. E. 劳伦斯,熟悉帕斯捷尔纳克和卡夫卡,该有多好啊!后来才知道,平民百姓对高雅文化有多排斥。虽说少年时代身居边陲的林肯就在阅读普鲁塔克、莎士比亚和《圣经》,但他毕竟是林肯。

　　......

我似乎一直有一种开明的想法,希望在最难觅高雅文化的地方找到高雅文化的证据。

原文中的 democratic 出现了两次,这也是该段落翻译的一个难点。《美国传统词典》(第 4 版)对 democratic 的解释有两个：民主(of, characterized by, or advocating democracy: democratic government: a democratic union.)；平民百姓的，普通大众的(of or for the people in general: popular: a democratic movement: democratic art formsa)。这段文字中的 democratic 的意思应该为"平民百姓的，普通大众的"。其中 persistent 的意思是"固执而不放弃"，也就是俗话中的"较真儿"或"刨根问到底"。既然说是较真，那也就不是"开明的"。什么是"开明"？《汉语大辞典》的解释是"通达，明智"。什么是"通达"？ 也就是"通情达理"。什么是"明智"？ 也就是"通达事理"，俗语"懂事"。简单地说，"开明"就是有一种能容纳一切不同意见、开阔的心胸。难道说"希望在最难觅高雅文化的地方找到最高雅文化的证据"这种较真儿式地刨根问底的个性是一种"开明"的或"通达，明智"的想法？基于此，这段文字的最后一句的译文应该改为：

我似乎一直有一种普通的想法，希望在最难觅高雅文化的地方找到高雅文化的证据。

(2)炼字事

炼字事即应弄清楚字词包含的典故意义，其不需要将每一个字全都翻译出来，但应将其所包含的意义传达出来。例如：

I felt the Pyrrhic sadness of having done to him what he'd done to me.

我倒是觉得他伤害过我，我也伤害过他，彼此都付出了巨大的代价。

原句中的 pyrrhic sadness 如果译为"皮洛士式的忧伤"，显然是无法被汉语读者理解的。然而，根据这个词的典故意义 achieved at excessive cost 就可以将其准确地翻译成译文的样子。

(3)炼字情

炼字情就是要弄清楚字词承载的情感，给人一种感人的情绪。例如：

He was a regular, lingering at the counter after I gave him

his coffee, smiling and trying to hold my gaze.

他是常客，只要我给他端上他点的咖啡，就会赖在吧台不走，面带微笑想吸引我的注意。

译者将原句中的 lingering 一词翻译为"赖"，准确地表达了说话者对"他"的厌烦情绪。

（4）炼字象

炼字象即应弄清楚源语字词包含的意象，使意象被读者铭记于心。例如：

告别时，照例拥抱，我的头只能贴到他的胸口，好像抱住了长颈鹿的脚。

In saying goodbye, we hugged each other as usual, and I found my head only reaching his chest, feeling as if I were just hugging one leg of a giraffe.

原文中的"脚"一词所承载的意象不是 foot，而是 leg。因此，如果将这里的"脚"译为 foot，将会导致整个意象画面与汉语所承载的意象画面不相吻合。

2. 炼字形

（1）以境取义，以体措辞

在翻译审美解读过程中，译者应根据源语的上下文理解字词的意义；在翻译审美表达时，译者应该先观察所选择的译语字词与源语的所指意义是否相符，应避免所用的字词在译语中产生歧义联想。因此，译者炼字应做到用字准确、文体相符，并且意义要清晰，意象要清楚，将源语字词的意义形象地传达出来。简而言之，应做到义清象明，情真意切。

（2）两相对照，首尾圆合

"两相对照"即译者将自己提取的译语字词的意义与原文中的字词意义相比较对照，观察二者的意义是否匹配一致；而"首尾圆合"即译者要观察所选择的译语是否与译语的语法相符，是否能够保证译文的连贯性，是否与原文的体裁相符。因此，译者既要做到"瞻前顾后"，又要做到"字斟句酌"。

(二)炼字方法

(1)炼字形。例如：

夫得言不可以不察，数传而白为黑，黑为白。

As for rumor, it should be verified, because from "hear" to "say", "white" probably gets "black", or "black" probably gets "white"

原句中的"言"有"谣言"的意思，可以用 rumor，tattle，hearsay 表达相同意思。另外，考虑英语句式的基本要求，这里又应该选用 hearsay。

(2)炼理据。例如：

Her constitution was sound as a bell—illness never came near her.

她体质极好，从来无病无痛。

在英语语言中，as sound as a bell 是一个习语，表示身体健康；西方传统文化有一个迷信：教堂的钟声可以辟邪。此处，译者将译文中的这一意象加以省略，仅译出其所表达的意义，这样更易于汉语读者的理解。

(3)炼修辞。例如：

随着千禧年开始，俄罗斯发生的一切，有沙皇的影子，有总书记的味道，有公司总裁的样子，还有家长的派头。

What emerged with the beginning of the millennium in Russia was part Tsar, part General Secretary, part CEO, part patrimonial lord.

译文采用了同义连文，将重复字词 part 译成不同的含义，分别为"影子""味道""样子""派头"。

三、翻译审美中对句的表达

(一)炼句标准

1.炼内实

(1)炼句理

炼句理即要求译者对译语中的句式进行精心提炼,准确地再现源语句子所表达的义理,做到义理清晰,不违背逻辑。例如:

The feeling (a) of loss (b) transformed the (c) bad memories (d) into (e) not-so-bad, the (f) not-so-bad memories into (g) good, and (h) committed the (i) good ones to my mind.

失落感使得原本不堪往事却化为不过如此,原本不过如此之事却变得如此美好,原本美好之事已然铭记于心。

译文句理不清晰,而且与逻辑相互违背,因为"失落感"本身是一种消极的情绪,并且这种情绪会使好的事情、好的东西变坏,也会让坏的事情、坏的东西变更坏。译者机械地将英语动词transform…into…的句式对应地译为"使……变成……",其没能理解此句所表达的意图,即"释怀感"。因此,这一译文应改为:

虽感失落,但此时原本不堪往事却化为不过如此,原本不过如此之事却变得如此美好,原本美好之事已然铭记于心。

(2)炼句事

炼句事译者应该精心地提炼译语中的句式,准确地再现源语句子所叙之"事",做到主次分明。例如:

(a)从后面(b)看她,(c)身躯那样瘦弱,(d)背有点儿驼,手被两个儿子(e)两边(f)牵着,她的步履(g)细碎,(h)一小步接着一小步(i)往前走。

(b) Seen (a) from her back, she was (c) emaciated and a little (d) humpbacked. With her arms (f) supported by her two sons (e) at her two sides, she (i) walked forwards a (g) small step(h)by a small step.

译者翻译时应该先将这段话分为两个独立句:第一句包括(a)(b)(c)(d)为一句,第二句包括(e)(f)(g)(h)(i)。第一句中的(c)(d)为主旨性静态描写,所以应该翻译成主句。(a)为附带性叙事,所以译为分词;(b)表示空间关系,所以要译为介词短语;第二句中的(i)为主旨性叙事,表动态,所以译为主句;(e)表示空间,译为介词;(f)"牵着"为静态,要译为独立主格结构;(g)和(h)附带性静态描写,属于同义重复("细碎"与"小步"),要合并为一个状语进行翻译。

(3)炼句情

炼句情即要求译者先对译语中的句式进行提炼,声情并茂地表达源语句子所抒发的情感,做到情真意切。例如:

The greatest example (a) of democracy (b) the world has ever known,(c) of openness,(d) of people of different nationalities and faiths (e) coming together as one, (f) would be no more.

这个世界公认最伟大的民主典范,这个最具有开放性的、由不同民族和信仰联合一体的国家典范,将不复存在。

因为原文是对主语的强调,所以译者也将其分别翻译成长定语的并列主语,很好地再现了所要表达的情感。

(4)炼句象

炼句象即译者应该对译语中的句式进行提炼,将源语句子所呈现的画面感中的人、物之间的时空关系再现出来,使译文做到栩栩如生、画面清晰。例如:

The sunlight (a) pushing its way (b) through the window (c) splattered (d) against a barricade (e) of boxes. (f) Like a (g) fluorescent fiver,it (h) streamed (i) down the sides and (j) flooded (k) the cracks of the (l) cold,(m) cement floor.

箱盒当窗,阳光破窗挤入,洒落其上。箱盒两侧,阳光如粼粼溪水从天而降,倾泻于地,地面是水泥地,冰冷而且破裂。

(d)隐喻 a barricade of boxes 和 against 所构成的空间画面感,所以将 barricade 译为动词"当窗",并移至句首。译者保持了(b)splattered 的移就格。(f)的明喻格也得到保留,river 本身属于提喻,所以译为"溪水",fluorescent:glowing as if with fluorescence,译为粼粼(水石闪映貌),(h)streamed 和(j)flooded 是移就格,(i)增译"箱盒"和表复数概念的词"两";(k)(l)(m)分成两个小句,很好地再现了原文的画面。

2. 炼外形

(1)以气为界,意足为句

不管是写作,还是翻译,叙述者都要以气息流动中的自然换气为界限,根据在自然换气之前所表达意思的完足性来设句。语言不同"以气为界,意足为句"的方式也有所不同。因此,源语句式可能很长,而译语在表达时可能需要切分,否则会使译文显得累赘冗长,难以理解。例如:

这一年,我们锐意(a)推进改革,(b)啃下了不少硬骨头,(c)出台了一系列重大改革举措,(d)许多改革举措同老百姓的利益密切相关。

During this past year, we have pressed ahead with our reforms with keen determination. We have cracked many hard nuts, introducing a string of major reform measures. Many of these reforms are closely intertwined with the daily lives of all our people.

原文中的"(a)推进……(b)啃下……(c)出台……"是一个主旨性评述连谓句,也是说话者表达的重心,而(d)小句属于补充性评述。因此,前三个动词都应该译为谓语动词。但译文将"出台"译为分词 introducing,其弱化了说话者的主旨。而(d)是补充性评述句,没有强调意图,只需译为从句。因此,这段文字的正确译文是:

During this past year, we have pressed ahead with our reforms with keen determination, and have cracked many hard nuts. We have introduced a string of major reform measures, many of which are closely intertwined with the daily lives of all our people.

(2)语义连贯,句式灵活

叙述者在叙述过程中,虽然会采用不同的句式,主语不同,但都是就某一主题展开的。这就需要译者在进行表达时,不可贸然改变源语的主题,更不可机械的字对字的翻译、成分对成分的翻译。也就是说,译者在翻译表达过程中要做到"语义连贯,句式灵活"。例如:

(a) My parents' divorce was final. (b) The house had been sold and (c) the day had come to move. (d) Thirty years of the family's life was now crammed into the garage.

(a) 我父母最终还是离婚了。(b) 他们卖掉的房子而且(c) 搬家的日子早已到了。(d) 他们把三十年的生活用品都塞入了车库。

虽然原文中四个小句的主语各不相同,但都是围绕"离婚"展开的叙述,而译文改变了源语四个小句的主语,改变了其话题,变为"我父母"。译者正确的处理方式应该是保留源语的语义连贯,句式可以灵活处理。因此,这句话的正确译文应该是:

父母离婚已成定局。房已卖,迁期至。卅年家庭生活皆塞入车库。

(3)主次分明,动静相辅

人们在说话或者写作时都有一定的意图,但在表达过程中意识流会出现连续性和间断性现象。意识流动中的连续性通常为作者或说话者的主旨,简称"主旨性(意图)",而间断性是连续性中的附带补充,简称"附带性(意图)"。在英语中,"主旨性意图"以主句形式出现,而"附带性意图"以非主句形式出现,具体包括从句、独立主格、短语或词。汉语语法汇总没有主句和从句的概念,也没有形式标记。

意图的体现方式包括叙事、描写和评述,对应的句子形式分别是叙事句、描写句和评述句。

　　语言是用于表现现实的,而现实则是由"各种运动着的物质和各种物质的运动及其相互关系"构成的,①而物质的运动有相对静止运动和显著运动两种。这两种运动体现在句式上,分别为动句和静句。动句是用于表示物质显著运动的语言形式,静句则是用于表示物质相对静止运动的语言形式。动和静在英语中既可以用主句形式呈现,又可以用非主句形式表示,而在汉语中并没有主句形式和非主句形式标记;而汉语中的动是通过动态动词来体现的,静的表现方式比较多,如一切非动词的词(如形容词、名词等)都可以表示静态,还可以是静态动词或动态动词静态化,如"动词＋着"。翻译炼句时,既要提炼说话者的主旨性和附带性的表达方式,又要提炼动句或静句。例如:

　　(a) I closed the door,(b) sat down on the step,and (c) listened reverently.

　　我关上门,拾阶而坐,肃然聆听着。

　　原句是 close…sat down…and listened…承接性连谓句,强调三个动作的承接性。而译文"聆听着"则表示一种静态,并且没能讲原义表达完满。因此,应该将译文修改为:

　　我关上门,拾阶而坐,肃然聆听起来。

(二)炼句方法

(1)炼语法。例如:

A year later my fiancée (a) told me she was pregnant with another guy's kid. She (b) had done nothing wrong. We (c) had stopped fighting,almost (d) stopped speaking. We (e) had been on a break.

　　一年后,未婚妻告诉我说,她怀上了别人的孩子。她并没有做错什么。我们早就不打不闹,几乎连话也都不说。我们处于分

---

　　①　张今,陈云清.英汉比较语法纲要[M].北京:商务印书馆,1981:16.

手的边缘。

译文通过增译"早已"体现源语过去完成时所欲表达的意图。

（2）炼句式。例如：

（a）九月初,（b）家家户户院子里的苹果树和梨树都缀满了拳头大小的果子,（c）枝丫因为负重而沉沉下垂,（d）越出了树篱,（e）勾到过路行人的头发。

（a）It was in early September,（b）when the trees in each family courtyard were covered with fist-sized apples or pears,（c）the branches,drooping with heavy fruits,（d）flying across the hedges,and（e）hooking passengers' hair.

原文（a）承接了上文交代事情发生的时间,所以译为主句;（b）译为定语从句;（c）（d）（e）都为伴随性描写,所以译者翻译成分词短语。

（3）炼辞格。例如：

The（a）rhythmical whir of（b）its（the furnace）effort（c）hummed the elegy（d）for the memories（e）boxed（f）in front of me.

炉火呼哧呼哧,颇有节奏,似吟唱挽歌,哀悼面前箱中念想之物。

译文（a）保留了原文 whir 的拟声格,（c）采用易格法,将拟人格易为明喻修辞格。

四、翻译审美中对篇的表达

（一）炼篇标准

1.炼篇实

（1）炼篇理

炼篇理即要求译者对译语语篇进行精心提炼,避免句际、段际之间逻辑混乱、语义不清。例如：

（a）I slowly extracted myself;（b）it was hard for me to accept (c) that it had mostly been about sex for him, (d) that and some damsel-in-distress fantasy (e) I seemed to have dispelled, (f) because I think (g) it's possible (h) that he did care for me at some point.

　　(a)慢慢地,我走出了这段感情,但是,(c)说自己顶多就是他的一个性伴侣,说我的幻想——(d)只有多愁善感的少女才有的幻想——仿佛已悄然而失,(b)我很难接受,(f)因为我觉得,(g)(h)他在某些方面还是很关心我的。

　　译文通过移位策略将(b)和(f)紧靠在一起,构成因果关系,文通理顺。

　　(2)炼篇事

　　炼篇事即要求译者通顺地将原文音、字、句、篇的意图再现出来。例如:

The United Kingdom would be no more. No UK pensions, no UK passports, no UK pound.

　　联合王国将不复存在。没有联合王国的养老金,没有联合王国的护照,没有联合王国的英镑。

　　译者不应将原文中的 United Kingdom 或 UK 简单地译为"英国",而应按字面意思翻译成"联合王国",因为原文的主体为 United。

　　(3)炼篇象

　　炼篇象即译者要精心提炼译语,完整地再现原文语篇中人或物所构成的画面。例如:

The sunlight (a) pushing its way through the window (b) splattered (c) against a barricade of boxes.

　　箱盒当窗,阳光破窗挤入,洒落其上。

　　译者在翻译(c)句时,充分考虑 sunlight, window, barricade 和 box 所构成的空间画面感,所以将 barricade 翻译成动词"当窗",并移至句首,保持 splattered 的移就格。

2.炼篇形

(1)炼体裁

炼体裁是指根据原文的体裁提炼和选择译语积句成篇的规则,使译文的体裁与原文保持一致。每种语言都有自己的积句成篇的规则,并且每种文体也都有自己独特的积句成篇的规则。因为译文最后是要给译语读者阅读的,所以译文必须遵循译语积句成篇的规则来保持原文的体裁。因为每个作者的语篇意图不同,所以语篇的文体设置也就不同。这就需要译者在炼体裁时,既要遵循译语积句成篇的规则,又要遵循各种文体结构的要求,使译文具有条理性和照应性,最终使译文更加通顺畅达。

(2)炼节奏

文本需有四个层次:情志、事义、辞采和宫商,四者缺一不可。情志和事义构成文本的内实,辞采和宫商构成文本的外形,使得文本的各个层次保持与源语文本相同的节奏性。在外形上,译文不仅要做到前呼后应,还要做到通盘考虑。

(二)炼篇方法

1.炼体裁

译者在表达过程中需要进行炼篇。具体来说,炼篇时要做到以意统篇,使译文文本在内实(义理主题)上总为一体,在外形上首尾统一。不管在外形还是内实上,构成文本的各个要素在取舍上都要完美和谐,贯通成整齐划一的语篇。文本内实的不同,其外形的体裁也就不同。因此,译者在组织译文时不仅要根据源语文本的内容和外形的体裁来设置译文文本的体裁(即"位体"),而且要使译文的音、字、句、篇与原文的体裁相符合,即弥纶一篇炼体裁。例如:

(1) The Three New Yorks

Elwin Brooks White (1899—1985)

(2) There are roughly three New Yorks. (3) (a) There is, first, the New York of the man or woman (b) who was born here, (c) who takes the city for granted and accepts its size and its turbulence as natural and inevitable. (4) (a) Second, there is the New York of the commuter (b) the city that is devoured by locusts each day and spat out each night. (5) (a) Third, there is the New York of the person (b) who was born somewhere else and came to New York in quest of something.

纽约有三

埃尔温·布鲁克斯·怀特

纽约大致可一分为三。第一是纽约本地人,他们天天耳濡目染这座城市,无论是它的大小,还是它的喧嚣,他们都视之当然,习以为常。第二是纽约上班族——他们早出晚归如蝗虫一般吞没着这个城市。第三是异乡寻梦客。在这三类骚动的纽约人中,最伟大的要数最后一类人,他们以纽约为最后的港湾,以纽约为自己的目的地。

标题(1)The Three New Yorks 中的 New Yorks 属于双关,既指纽约市,又指纽约人,所以可以译为"纽约有三"。(2)句属于主题句。(3)(4)(5)句式相同,所以译文应保持相同的句式,三句中的 New Yorks 均指"生活在纽约的人"。(3b)措辞为"纽约本地人",(3c)中 take … for granted 和 accept … as natural and inevitable 属于是同义重复,具有强调的作用,翻译时也要采用同义重复,其中采用反正法翻译,译为"视之当然,习以为常"。(4a)中 the New York of the commuter 措辞为"纽约上班族",(4b)为隐喻译为明喻。(5a)(5b)在翻译时应与前面两句保持相同句式。

2.炼意象

在语篇表达中,译者还应将源语文本呈现在大脑之中的意象完整而生动地再现出来。例如：

（1）A rather small young man（a）sat by the window of a pretty（b）seaside cottage（c）trying to persuade himself that he was reading the newspaper.（2）It was about half past eight in the morning.（3）（a）Outside，the glory roses hung（b）in the morning sunshine like little bowls of fire tipped up.（4）（a）The young man looked at the table，then at the clock，（b）then at his own big silver watch.（5）An expression of stiff endurance came on to his face.

（1）海边有一栋漂亮的别墅，窗户旁坐着一个身材矮小的年轻人，他竭力提醒自己看报。（2）此时是早晨八点半左右。（3）窗外面挂满了灿烂的玫瑰；晨曦中，火红的小碗状玫瑰耷拉着。（4）年轻人一会儿看看桌子，一会儿瞅瞅时钟，要不就瞧瞧自己那块大银表，（5）脸上开始露出僵硬的、强忍的表情。

（1a）（1b）分别翻译成两个汉语存现句，（1c）译为"他竭力提醒自己看报"。（2）此时此景，事情节发展比较缓慢，所以可以按原句型译为"此时是早晨八点半左右"。（3）句借景寓意，作者用glory，rose，morning，little bowels of fire 等词来描写爱情的美好，但作者同时用了一个词 tipped up（意为 topple over；overturn），象征爱情中出现的波澜。如果字对字地翻译成"外面灿烂的玫瑰挂着清晨中，像一个个火红的小碗倒扣着"，整个意象就失去了美感。为了再现此句原文中各个意象的空间感和审美意图，将此句分为三个小句来翻译。（4）句顺景写情思：通过动作描写来反衬人物忐忑不安的心理活动。翻译时分为三个小句来翻译。（5）句为素描，直接描写脸部表情，译为"脸上开始露出僵硬的、强忍的表情"。

第十章　误译的形成根源：
中西心理文化差异

　　文化心理并非某个人的心理活动与特征，也不是文化与心理的简单相加，而是在社会群体的心灵深处不断积淀、渗透、内化的一种心理状态。翻译作为不同民族间语言与文化沟通的桥梁，必然受到中西心理文化差异的影响。所以，在翻译中若没有对中西文化心理差异的深刻认识，就不可避免地会出现误译。

第一节　误译的中西文化心理基础

　　在社会学的研究过程中，群体心理过程以及不同范畴的心理现象都与文化心理密切相关，因为人类的心理活动往往被文化左右，表现为一定的文化心理范式。

一、文化心理的变化与发展

　　根据马克思主义哲学观，世界上所有的事物，都是处于不断的发展过程之中，且是在一种相对稳定的条件下发展。人的文化心理不是凭空而来的，而是以人的先天机能为基础，并在后天的学习与实践过程中不断积淀所形成的，因此它不仅与一定的物质生产方式紧密相关，还伴随着人与人、人与自然的发展而不断变化。随着人类社会发展脚步不断向前，文化心理在反映特定历史发展阶段的同时，体现了鲜明的时代精神与时代特色，表现了历史的连续过程,不断吸收新的形式与内容。

需要特别说明的是,文化心理的发展既是对新生事物的判断,又是对传统的选择,是建立在自身民族性特征之上的,所以它既没有全盘接受新事物与新文化,也没有全盘否定从前的文化价值。由此可见,人的需求、情感、知识等因素始终贯穿于人的文化心理活动中。换句话说,人的文化心理活动反映了人对文化需求的变化。

二、中西文化心理的分类及差异

(一)中西思维模式差异

思维模式是人们通过推理、分析来对外界世界进行感知。语言文化主要包括个体及群体的心理取向,思维偏好、价值体系、伦理体系等是其主要范畴。毋庸置疑,中西方文化之间有着巨大的差异。之所以会出现这种状况,很大程度上源于中西方民族所处的地理条件与历史环境的不同,由此导致了生产方式、社会结构以及人们的思维模式的差异。

1.图形式思维与直线式思维

中西方在思维模式上具有明显的不同。具体而言,中国人十分重视不同事物、现象之间所具有的依赖性、联系性,喜欢从整体上观察与研究某一现象、某一事物。与中国人的思维模式明显不同,西方人更加重视某事物或某现象的独立性,往往擅长从细节上观察与研究事物。这两种思维模式从科学角度而言,一个是综合性思维模式的表现,另一个是分析性思维模式的表现。

很多学者都认同这样一个观点,即使用线性的、分析性的形式来形容西方人的思维,认为这种思维主要是受到古希腊、罗马的传统影响,这就是人们经常提及的"直线式思维"。中国受儒家、道家思想的深刻影响,更加强调整体性的、图形式的思维。用一种更加形象的比喻来形容，西方人的思维形式有明确的起点、终点，非常简单和直观，就像一条直线；而中国人的思维没有明确的起点和终点，就如一个圆，浑然一体。

在西方人的大脑中，思维就如同一个不显露的真理，很多事物在思维的作用下建立着直接或间接的关系，人们往往通过"一"来理解"众"。相反，中国人的思维并不体现出明显的真理性，人们习惯于用"众"来理解"一"，一种事物与其他事物之间的关系错综复杂，构成一个更大的整体。例如，中国人都比较熟知的太极图，图案形成一种相互交织、周而复始的关系。没有起点，也没有终点，从而体现出中国文化非计量性、非累积性、模糊的特性。

2. 整体思维与个体思维

中国古代强调"天人合一"，无论从人心的体验，还是从社会的感悟，无论是对人的认识，还是对自然界的认识，都强调人与自然、主体与客体的统一。这就表明了中国人的整体性思维，他们把整个世界视为一个整体。整体由部分构成，要想对部分有所了解与把握，就必然需要把握整体，从整体看问题，反对孤立的态度。

与中国人相比，西方人主张"天人二分"，即认为人与自然、主观与客观是分离的，这就表明了西方人的个体思维。西方人强调首先应分析部分，然后知整体，分析小的方面，然后知大的方面。

3. 形象思维与抽象思维

中国人强调"天人合一"，在这一思想的影响下，中国人善于形象思维，即人们通过与外部世界的客观事物形象产生联系，加之头脑中的固有物象，展开思考与总结。这种思维模式在古代汉字中展现得尤为明显。相比之下，受形而上学思维的影响，西方人习惯抽象思维，即人们以概念作为基础，对事物进行与现实物象相脱离的判断。这一思维模式是抽象的。

受中西形象思维与抽象思维模式的影响，中国人擅长对概念进行具体表达,而西方人擅长对概念进行抽象表达。因为抽象表达较为笼统,给人以晦涩之感。

(二)中西价值观念差异

一般来讲,价值观具有稳定性,但是这种稳定性是相对的。具体来说,如果条件不发生改变,人们对某些事物的评判是相对稳定的。价值观是基于社会、家庭的影响产生的,且经济地位发生改变,价值观也会发生改变。中西民族所持有的价值观显然是不同的,下面具体分析这两个民族的价值观念差异。

1. 天人合一观念与天人二分观念

审美主体和审美客体是一对相互对应的美学范畴。要进行审美认识,必须同时存在审美客体和审美主体。审美既是认识活动,也是实践活动。既然认识是客观世界及其规律在人的大脑中的反映,那么审美认识就是审美客体及其规律在审美主体的大脑中的反映。审美认识自然是通过审美实践活动获得的。

(1)中国人的天人合一观念

中国传统文化中所提倡的天人合一精神引导着人们在审美模式上倾向于与自然融为一体,审美文化从一开始就强调艺术属于主体本心,反对简单的模仿外物。古代众多哲学家都强调天人合一观,如老子、庄子等,他们提倡在审美中应该张扬人与自然的天性,一切都应该顺其自然,不可人为强制。

儒家的美学观点强调,美学在具有合理性的同是也必须合乎社会伦理道德,达到"美""善"的统一。中国古代的艺术与审美理论另外一个突出的特点就是强调体悟感兴,主体的心灵世界与外物相接触,并不是一种单纯的模仿。中国人认为,人不但需要懂得对大自然的欣赏,而且还需要将自己融入大自然中,实现人与自然、人与人,以及人与自身的和谐,这被认为是旅游审美的最高境界。

(2)西方人的天人二分观念

西方文化的根本是主客二分,将外在世界作为人的对象,主体需要站在自然之外冷静、客观的观察、思考、研究、分析，因而他们在文化审美上就注重对自然的模仿，将文化的本质看作对自然的一种模仿。西方文化的发源地之一是希腊，其中最突出的文化表现形式是雕刻与叙事诗，二者最能体现西方人的文化成就与审美标准。

雕刻与叙事诗很好地体现了主客二分的审美模式，表现出典型的写实风格。同样，西方人在对大自然的审美中也体现出主客二分的模式。在西方人看来，人对自然的审美一般表现为两种心理：畏惧或征服，所以人对审美的判断结果也只能局限于这两种心理范围内。

2.集体主义观念与个人主义观念

（1）中国人的集体主义观念

中国倡导集体主义价值观。所谓集体主义，是指国家、集体、社会利益在前，个人利益在后的一种价值观。简单来说，当遇到个人利益与集体利益发生冲突时，人们往往被要求与集体利益保持一致。虽然这种情况在当代社会有所改变，但是中国人仍旧具有强烈的集体归属感。这种集体主义在家庭、工作之中也有强烈的表现，即长幼尊卑、下级服从上级，这与中国"礼"的教化有关。例如，当与陌生的长者打招呼时，往往会称呼"大爷""大娘"等，当下级与上级打招呼时，往往会加上职位。

（2）西方人的个人主义观念

与中国的集体主义价值观相反，西方人强调个人主义。因为西方人对于个性、自由非常推崇，强调个人的意志，注重自我实现。但是需要指出的是，个人主义并不意味着个人利益比任何利益都高，而是需要在法定的范围内，因此个人主义也是一种健康的、积极的价值观。不得不说，个人主义有助于个人的创新与进取，但是如果对个人主义过分强调，可能也会影响整个社会的亲和力。

3."过去"时间观与"将来"时间观

中西方在时间观念上也存在明显的差异。一般来说，中国注重"过去"，而西方注重"将来"。中华民族历史悠久，这也让子子孙孙引以为傲。因此，在中国人眼中，历史是绝对不能忘怀的。在这一思想的影响下，中国人习惯用古代的仁义道德思想来评判身边的事情。现如今，虽然人们将更多精力开始从过去转向未来，但是"过去"的这种价值观仍常驻中国人心中。

与中国的"过去"时间观相比，西方人的个性主义价值观要求他们要不断努力、不断创新，实现自己的物质需求，追求自己的独立。在西方人眼中，时间一去不复返，因此他们不能留恋过去，而是面向未来，抓紧时间享受现在的生活。

因此，由于中西时间观念的差异，导致中国人做事往往不紧不慢，而西方人珍惜每时每刻，认为时不我待。

4.和谐观念与竞争观念

价值观的核心是价值，价值观念的不同是指不同民族所表现出的价值在某一个文化体系中的排序。从根本上而言，价值的排序又与利益有着密切的关系，即利益决定着价值的地位。利益与某一个民族中的社会经济模型又有着直接的关系。

（1）中国人的和谐观念

中国是农业大国，表现出明显的"重农主义"，将农业视为立国之本。在中国传统思想中，十分提倡重农轻商、重本轻末。孟子说："百亩之田，勿夺其时，数口之家可以无饥矣。"

在中国古代社会，商人往往被人轻视，这是一种普遍现象，当时社会中流传的一个说法是"士、农、工、商"，从这一排序中就可以明显看出商人的地位，商处于最末。

中国古代社会形成重农思想的根源，主要在于古代人以农耕为主，依据河流而生，通过农业解决温饱问题，长期处于一种自然的经济状态中。因而，逐渐形成重农主义思想也是顺理成章的。

与个人主义强调的竞争意识相比较而言，重农主义十分注重天时地利人和，提倡合作精神、协调关系。例如，"远亲不如近邻""家和万事兴"等都是对和睦、和谐的推崇与追求。

（2）西方人的竞争观念

从社会经历的发展历史可以看出，西方社会所表现出的典型特点就是"重商主义"。美国著名学者罗伯逊认为，美国社会的商业文明在 1776 年美国独立时就已经形成。

商业文明十分推崇个人所具有的奋斗精神。在西方社会，"权利、地位、声望、金钱"都不是天生就有的，并不能简单地通过继承遗产或者高贵的血统来获取。个人想要获取财富，实现自己的理想，只有通过自己的努力和奋斗才能实现，才能拥有权力、地位和声望。在这种思想的影响下，逐渐形成个人主义的精神。

作为社会中的一分子，个人只有通过自己的努力，通过竞争来获取资本以及各种机会，人应该勇于面对和接受各种挑战，将自己放在与他人竞争的同等位置，从而充分激发自身的潜力以及战斗力，通过行动来追求速度、结果、效率。西方人非常推崇达尔文所提出的进化论思想，"物竞天择"是西方人的人生信条之一。

5. 崇尚道德观念与注重个人观念

（1）中国人崇尚道德观念

人伦与道德观念一直是贯穿中国社会的传统思想。中国人的人伦，并不是社会学的观念，也不是生物学的观念，而是从道德的角度来说的。中国古代就是一个宗法性的社会。所谓宗法性社会，是指以亲属关系为其结构，以亲属关系的原理与准则调节社会的一种社会类型，即宗法社会是这样一种社会，在这个社会中，一切社会关系都以家族为本，宗法关系就是政治关系，政治关系就是宗法关系。因而，政治关系以及其他社会关系都需要依照宗法的亲属关系进行调节。所以中国社会是"伦理本位"的社会。

在"伦理本位"的社会中，主导的原则不是法律而是情义，义务比权利更为重要。因此，法的观念在中国并没有像在西方那样成为政治的主要手段,相反,情义成为中国政治文化的主要因素和约束力。中国是一个有着悠久伦理传统的国家,在中国传统的儒家思想中,伦理始终处于核心地位。自西周开始,中国就形成伦理思想。西周建立了严密的宗法等级体制,在这一基础上形成一系列宗法道德规范和伦理思想。到春秋战国时期,伦理思想主要是以儒家为主,"仁义"是儒家伦理思想的核心。

(2)西方人注重个人观念

在西方,早在荷马时代人们就开始对道德展开了思考,到公元前4世纪,古希腊思想家亚里士多德第一个建立了伦理学。之后,伦理学就作为一门重要的学科在西方发展起来。20世纪之后,西方伦理学体系从内容到形式都发生了明显的变化,但道德问题仍然是这一学科思考和研究的重要问题。

在西方,表示伦理的单词为 ethics,这一单词来自希腊语 ethos,本意是"本质""人格""风俗""习惯"。公元前4世纪,希腊哲学家亚里士多德创立了研究道德品性的学问,称为伦理学。在亚里士多德看来,德性分为伦理德性和理智德性。前者是由风俗习惯沿袭而来,后者主要是由教导和培养而形成的。伦理既有约定俗成的成分,也有后天习得的成分。但不论如何,亚里士多德都认为行为的正当性在于它是合乎德性的行为,即表达了行为者的品德,行为者应该是有德的人。完美的生活与道德有关,因为道德在根本上牵涉到行为和人的德性问题。据此可知,西方伦理学主要是研究风俗习惯所形成的伦理道德。随后,西方伦理学作为哲学的一个分支逐渐发展起来,即道德哲学。这一分支主要研究的是关于对与错、善与恶行为,研究什么是好的生活,如何做个好人以及何为正确的行为和事情。

与中国的伦理学一样,西方的伦理学也有着十分悠久的历史。西方伦理学的思想起始于亚里士多德、苏格拉底,这些哲学家非常重视自然哲学,主要探究万物的根源以及事物的本原,苏格拉底十分重视"人"的问题,认为人应该重视对灵魂的修养以及行为的规范。苏格拉底将西方的哲学从自然引向了生活实践,促使哲学开始沉思生活、伦理、善、恶等。

在苏格拉底看来，勇敢、虔诚、正义、节制等都是人应该具有的美德，这些都是善的。正是一些人缺乏道德信仰，或者有意否定道德信仰，促使哲学家柏拉图开始使用理性的思维方式来思考道德的意义，思考真、善、美的重要性。柏拉图认为人之所以为人的本质就是遵循伦理的规定，正义是生活者的德性，也是真正的政治德性，个人要集正义、智慧、勇敢、责任于一身。

6.重义轻利观念与重利轻义观念

(1)中国人的重义轻利观念

中国受儒家文化的深刻影响，形成重义轻利的观念。在义与利的关系上，儒家学说提倡"义以为上"，要求把群体的利益放置于个人利益之上，突出"义"的普遍性和绝对化，反对唯利是图，力图通过这一观念来解决个人与社会的矛盾，协调个人与群体的关系，避免由于利益的冲突所产生的个人与社会的对立，这对维护社会的稳定，无疑会起到很大的作用。在这种精神的渗透下，中国历史上确实出现了很多舍生取义的民族英雄，他们为了国家和民族的利益牺牲自己。

在古代中国，人们羞于谈利，甚至将追求个人利益当作一种耻辱，将追求金钱作为一种道德的偏斜。过度鄙视利益，否定对物质的追求，不利于人的全面发展，在某种程度上萎缩了民族的进取意识，造成一定的负面效应。

(2)西方人的重利轻义观念

西方海洋文化所孕育出来的社会精神，使得西方人形成一种以个人为中心的价值取向，个人的生存与发展都依赖于自己，每个人都要对自己的行为负责。家庭与个人的关系只是一种暂时的关系，在家庭中，成员是自由的，淡化个人对家庭的责任与义务，在财产归属上，西方沿习的是"同居而异财"的方式，虽然同居但财产分属十分明确。

西方私有制的延伸导致父子、兄弟、夫妻都有自己的私有财产,夫妻之间的关系是平等的,血缘造成的家庭尊属关系必然被法律关系所取代。在人与人之间的关系上,西方文化强调平等与自由,基督教文化要求人们爱人如己,出于宗教感情,西方对这种处事原则多有认可。在很多情况下,当矛盾发展成为激烈的冲突时,人们往往诉诸法律。西方人具有十分强烈的法律意识,法律是调节人与人、人与社会之间冲突的一个有力杠杆,早在古希腊时代人们就提出了"社会契约"的观点。

西方文化讲求人人平等、自由,注重人的人格与尊严,这对造就个人的创造性与开拓性,打造人的整体向上精神,无疑是不可或缺的思想动力。家庭观念淡化,家庭成员的地位平等,这有助于形成平等的人格意识,促进人的内在潜能的开发以及全面成长。不过个体本位也在淡化亲情关系,导致人际关系十分冷漠,人与人缺少必要的交流与沟通。家庭结构松散不利于整个社会的稳定与和谐发展,不利于适合向心力的加强,也不利于形成强大的民族凝聚力。

人与人、人与社会的关系提示了人的本质属性,即社会性,这一规定要求在对个人进行评价时要将人看作社会中的人,将人放入一定的社会关系中进行评价,任何一个人一旦脱离了一定的社会关系,就无所谓个人的能动性与创造性,也就谈不上个人价值,更不可能推动整个人类社会的进步与发展。

以上对中西民族的价值观进行了详细对比,但随着时代以及社会的快速发展,全球文化的不断融合,不同民族的文化将在这一融合大趋势中谋求新的发展。

首先,中西方民族的价值观之间所具有的界限将会越来越模糊,随着世界文化的融合,不同意识形态之间逐渐进行着各种碰撞,文化同样作为一种资本在全世界进行流通。在这一过程中,不同文化之间相互影响、彼此借鉴,文化之间的差异性将会越来越小。

其次,在认同与离异中重新建构。不同文化之间首先会表现为认同,即对主流文化的赞同,进而会出现离异现象,即对某一个民族所具有的主流文化进行批判和扬弃。

文化的内容是复杂多变的，某一个国家的文化中会拥有值得全人类社会借鉴和学习的内容，当然也一定会有一些不好的文化现象存在，不同民族和国家之间的文化将会在彼此的借鉴与扬弃中获取深入的融合与发展。

(三)中西伦理观念差异

从总体上来说，5 000 年的中华文化形成一种伦理型的文化范式。伦理在中华民族传统文化中始终占据着重要地位。早在公元前 5 世纪，我国就已经出现人伦道德和伦类以理的思想观念，并有了包含丰富伦理思想的《论语》《墨子》《孟子》《荀子》等著作。

从现代伦理学意义上来说，伦理作为一种客观存在，是指人际关系的法则秩序。中西方的伦理思想截然不同：中国文化以家族为本位，注重个人的职责与义务，西方文化以个人为本位，注重个人的自由和权利。简单地说，西方的伦理思想和道德规范体系是以个人为本位的，而中国则是以家国为本位。中西伦理观的差异甚至成为中西文化的根本差异之一。中国文化形成的自然地理环境以及以男耕女织为主的农业经济，使中国人靠土为生，尚农轻商，崇尚集体生活，发展了君臣、父子、兄弟、夫妻、朋友间的不平等的社会关系及严格的身份制度。

中国传统的伦理与道德规范体系就在以家族为本位的家国一体的原则基础上发展起来。君为臣纲、父为子纲、夫为妻纲的三纲学说，修身、齐家、治国、平天下的纲常教义，充分显示了中国人重血缘关系，男尊女卑，重等级差别，长幼有序，强调人际关系的和谐；重视人的社会性以及社会群体。对个人约束的态度维护家国的生存与发展，是中国人民几千年一直遵循的最高道德原则与规范。这种观念使得中国的伦理思想注重人伦情谊关系，偏重中庸和谐，只有社会的纲常有序，等级有别，才可以保证人们各得其所，各安其业，社会才能安定和谐。

与中国文化不同，古希腊时代的伦理思想和道德规范原则主要围绕着个人和城邦关系展开，并把公正、智慧、勇敢和节制作为四个主要的德行。他们首先建立了较为民主平等的社会，因为他们活动在海上，养成了好动的取向，求变、求动、好奇，企图征服自然，战胜自己。这种求变的文化心理使西方人不像中国人那样注重人际关系的稳定和谐，而是强调个人的自由意志。在欧洲的资产阶级革命以后，天赋人权维护个人权利就变为最高道德原则和规范的出发点。这样较之中国传统的重人情人伦，以及中庸和谐，西方人更注重理智、竞争。

(四)中西情感观念差异

中西价值伦理观念的不同直接导致了中西情感和审美价值的差异。中国文化中中庸的处世哲学造就了汉民族内向的情感取向和深厚含蓄的审美情趣，和谐是社会普遍认同的价值观念。人们奉行礼之用、和为贵的传统观念，并形成与之相应的一套固有的真善美与假恶丑的标准。能否在行为中合乎礼的要求，做到合是很重要的。

因此，在群体价值取向的影响下，中国人提倡凡事以家庭社会和国家为重，个人情感可以忽略，必要时可以牺牲。一般来说，中国人性格内向含蓄、好静、习惯于忍让、力求身心与整个环境相适应。

西方的个人主义价值倾向，使他们的情感外向热烈，促使他们积极主动地追求个性的张扬。他们不会为了做好人而自我压抑，而是尽量满足自己的欲望和要求。他们更加直率，并且喜欢冒险竞争，时刻寻求着变化和发展，不愿意依靠他人。西方人的心灵如同西方社会，是动态的，不安定的，而中国人的心灵却是静态的，安定的。

第二节 文化心理的宏观与微观视角分析

人类文化心理在很大程度上是共通的，具有共性，而文化心理的民族性部分是具有民族特色，为特定民族所有的部分，即文化心理的特殊性、差异性。本节将从宏观与微观两个视角对文化心理展开分析。

一、文化心理的宏观视角分析

（一）文化心理的相似性

文化心理具有世界性，即共性或相似性的部分。人类由于共同的生理特征、基本认识过程和方式，所以有一些共同的需要和发展的动力，如都想不断优化自己的生命存在，提高自己的生命或生活质量等，这即是人际心理学家所承认的超越意识的存在，这种超越意识也就是人们所追求的真、善、美、单一、秩序、公正等终极价值，也是人类集体无意识的一种表现形式。

集体无意识心理是人类在共有的心理机制基础上，或在共同文化环境的影响下所形成的一种潜在的心理，如大部分人都对美好的事物产生愉悦的心情，而对丑陋的事物感到厌恶；大多数人都认为绿色象征生命，黑色代表死亡等。因此，即使使用不同的语言，也会唤起大多数人的思维同感，并被人们接受。

这样的命名方式是建立在某种集体无意识心理上，可以被跨越文化和种族的读者所接受；虽然人的心理与行为存在文化差异性，但既然是人，就必然存在着共同的"人性"，这构成不同文化或种族的人沟通交流，乃至融合的基础。

（二）文化心理的差异性

人在实践活动中，一方面依据自己的心理（意识、需要、认识等）来改造世界，赋予世界新的图景（如菊花在日本人看来代表着柔美，梅花在中国人看来意味着坚强等），使它文化化，适合于人；另一方面，人又运用心理来认识和体验世界，获得有关世界的知识和心理把握。

文化不仅仅是一种简单的语言现象，而是人们依据自己的认识，赋予名称符号新的意义，以达到使其文化化的目的。而人又要通过心理去体验和认识这些文化化的事物。同时人的心理和行为以及刺激的文化意义都是在具体的语境中和环境中形成和发展的，由于不同民族和文化或文化种群所处的环境和语境不同，因而形成文化或文化心理具有民族性。独特的生态环境使文化和文化心理具有民族性或独特性、差异性。中国与西方是在地域、生态、历史、文化语境等方面存在着明显差异的文化圈，这也使得中西方在文化上具有多种差异性。

二、文化心理的微观视角分析

（一）强语境—弱语境文化

1976 年，霍尔提出了"强语境文化"和"弱语境文化"概念。这两个概念产生的依据是不同文化中交际对其环境的依赖程度不同这一事实。在强语境文化中，交际对其环境的依赖程度较强，交际中大部分的信息都蕴含在交际情景中，交际言语中只负载很少的信息量。在弱语境文化中，交际对其环境的依赖程度较弱，交际中的大部分信息由言语负载，只有少量的信息蕴含在隐性的环境中。

举例来说，两个相互熟识的人在交际时只需用简洁的话语、微小的手势、表情或眼神就能理解对方的意思。这便属于强语境交流。但是,当具有两种不同文化背景的人用英语进行交流时,只有每一句话都必须准确、清晰,才能向对方传达出自己想要表达的意思,这便是弱语境交流。强语境文化与弱语境文化的冲突是影响跨文化交际的重要因素。

霍尔指出,任何一种文化都在不同程度上体现出强语境和弱语境的某些特征,大多数国家或民族的文化有着明显的倾向性。将世界部分国家的文化倾向按照强语境向弱语境的顺序排列,呈现出如下顺序。

(强语境文化)日本→中国、朝鲜→非裔美国人→印第安人→阿拉伯人→希腊人→意大利人→英国人→法国人→美国人→斯堪的纳维亚人→德国人→德裔瑞士人(弱语境文化)

从上面的顺序排列中可以看出,美国属于弱语境文化区,而中国属于强语境文化区。

1)美国社会的主流价值取向是个人主义,个体的独立性较强,人际间联系较松散,居住也比较分散,共知的信息相应很少。因此,言语便成为交际过程中传达信息的主要途径,语境承载的信息量很少。

2)中国社会的主流价值取向是集体主义,个体的独立性较差,对集体的依赖性较强,人们相互依存度高,共享各种信息。因此,在交际过程中,交际情景中蕴含了大部分人们想表达的信息,言语负载的信息量相应减少。

强语境文化与弱语境文化常发生冲突。在言语表达方面,强语境文化中的人重视彼此之间的承诺,不推崇高谈阔论,喋喋不休。而弱语境文化中的人彼此之间则很少做出承诺,不喜欢含蓄的表达。在时间观念方面,强语境文化中的人时间观念具有高度的灵活性,不会十分苛求。但是,在弱语境文化中,人们的时间观念则非常明确。

(二)高权力距离—低权力距离文化

权力距离是一个社会的成员对于社会等级结构的看法。社会中有很多机构和组织,它们都是社会的基本单位。一个社会权力距离高低主要看父母和子女,教师和学生,上级和下级之间的关系。

1.高权力距离文化

高权力距离文化认为,不平等权力分布或是社会等级结构的存在是合理的,是可以接受的。因此,在日常生活、工作和交际中处处体现着权力关系,权力关系对于人们的言行举止有重要的调节作用。例如,在家庭中,子女要孝敬、尊敬父母,父母要给子女无微不至的照顾。在学校中,学生要尊敬老师,对老师言听计从。在工作中,下级要对上级毕恭毕敬,上级也要给予下级关照。

2.低权力距离文化

低权力距离文化认为,不平等权力的分布或是社会等级结构的存在是不合理的,他们力求打破这种结构关系。不平等权力关系只允许存在于合理的情况下。因此,父母和子女之间往往是平等的、朋友式的关系。在学校中,学生可以与老师讨论,甚至争论。在工作中,上级必须按照公平合理原则,行使自己的权力,不能滥用权力。下级也可以对上级的工作提出异议。

(三)女性化文化—男性化文化

1.女性化文化

女性化文化看重谦虚、善良等品德,注重和谐融洽的社会关系和生活的质量,谦虚谨慎,同情弱者。对于男女的社会角色分工的认识是:男女基本平等,角色分工不明显,夫妻双方共同承担教育孩子和操持家务的责任,女性也可以从事富有挑战性的工作。在教育领域,女性化文化对男孩与女孩的教育区别较模糊,谦虚稳重,乐善好施是整个教育的目标之一。在工作场所中,应团结合作、共同协商,对她们而言,"工作是为了活着"。

2.男性化文化

男性化文化看重成就、自信、勇猛、顽强、敢于竞争、追求挑战和物质上的成功,仰慕成功者,唾弃失败者。社会角色的分工也比较明确,男人自信坚韧,努力拼搏,挣钱养家;女人温柔贤惠,操持家务。在教育领域,男性化文化中,男孩和女孩因为角色分工不同,因此在家庭和学校接受不同的教育。男孩要坚强勇敢,不认输;女孩则要文静稳重,温柔贤惠。在工作场所,鼓励竞争,努力工作,力求获得更高薪的职位,对他们而言,"活着是为了工作"。因为文化是发展变化的,各种文化也在不知不觉中相互影响,互相渗透。

第三节　文化心理与翻译的关系

自从人类社会产生以来,语言与文化就一直相随相伴。对任何一个社会来说,语言与文化都是其民族特色的重要组成部分与表现方式。正如英国著名文化人类学家怀特所指出的那样,"全部文化文明依赖于符号正是由于符号能力的产生和运用才能使文化得以产生和存在,正是由于符号的使用才使得文化有可能永存不朽。"①具体来说,语言与文化之间有着千丝万缕的联系。语言是文化信息的重要载体之一,不仅是文化的重要组成部分,还反映了一个民族想问题、办事情的思维、眼光与文化心理。因此,语言的使用就必然离不开语言所依赖的社会文化心理环境。

一、翻译实践离不开文化心理分析

翻译既是不同语言之间的转换,更是不同文化之间的沟通。

---

① 　林宝卿.汉语与中国文化[M].北京:北京科学出版社,2000:5.

所以,在翻译的过程中,语言文化心理发挥着极其重要的作用。从原文文本与译文文本的角度来进行文化心理分析是对翻译研究进一步深化的不可缺少的手段。

刘宓庆曾在《文化翻译论纲》(1999)中对翻译中的文化心理分析进行了以下总结。

第一,要想在翻译过程中深化对文化的理解,对原文文本进行文化心理分析是一种不可或缺的认识手段。

第二,要想在翻译过程中检视对文本是否进行了正确的理解,就应对原文文本进行文化心理分析。

第三,要想在翻译过程中使双语转换表现法多样化多层级化,就应对原文文本进行文化心理分析。

第四,非常态文本的意义具有符码化、隐喻化的特点,其反映出来的整体文化心理结构也具有较高的稳定性,因此对非常态文本进行文化心理分析就具有十分重要的意义。

综上所述,对文本进行文化心理分析是翻译中的重要环节,而并非一种可有可无的工作。

二、文化心理是误译产生的主要原因

尽管以上论述主要针对原文文本,其对于译文文本的文化心理分析也同样适用,它对于不同历史时期、不同文化心理背景的译文文本的分析也指明了一个新的研究视角与方向。具体来说,为了深化对译作的理解,对特殊历史时期的一般或特殊文化心理的分析是一种十分有效的途径。需要特别指出的是,为了更好地体会当时的特定历史条件下文化心理对译者读者产生的影响,可从文化心理的角度对其中的误译展开分析。通过分析,能够以一个更加宽容的态度来面对误译与译文的多样化,从而使译文具有自己的生命力,而不再是原文的附庸。

简单来说,误译就是对原文文本的错误传达,它既可以体现在文字层面,又可以体现在意义、思想、观点、情感等层面。尽管误译在翻译过程中是不可取的，但不容否认的是，误译是一种无法避免的客观存在。一个无法更改的事实是，任何一种语言都是特定民族在艺术、心理、哲学、历史等方面进行积淀的产物，而并不只是简单的字、词、句的组合。因此，翻译作为从一种语言到另一种语言的转换过程，也并非字、词、句之间的机械转换，而是受到不同文化沉淀的深刻影响，并由此成为一个异常复杂的过程。在这一过程中，译者作为一个有思想的主体，其对外来文化的态度以及本民族文化的深刻影响都会对翻译策略的运用带来自觉或不自觉的影响。就目前的大部分译文评介来看，主要包括以下两种类型。

1）对译文的错误进行集中讨论。

2）发表一些空泛的赞赏。

然而，翻译不只是一种技巧，它更是一种社会文化活动。从翻译文化史来看，一种译本在文化沟通过程中所发挥的作用与其本身对原文的忠实程度之间并不存在一种绝对的正比例关系。这是由于翻译作品受到译者文化心理与译入语文化传统的影响是一种客观事实，所以译作评介应在一个更加广阔的文化心理背景中进行，而不能仅以是否忠实作为标准。

第四节　文化心理角度的误译分析

对于译者来说，翻译的过程就是译者的心理活动过程。在这个心理过程中，译者可能由于物质条件外在因素、身体状况以及情感因素而影响到对原文最基本的理解，从而造成误译。在翻译时不甚注意或粗枝大叶，将 cow 看成 crow，将"亿"译作 million 等。不过，只要译者认真负责，这类错误是完全可以避免的。

文化与语言相互依存。语言是文化的承载体，每种语言都不可避免地带有某一民族文化的积淀和烙印，反映着该民族的文化心理语言。受该文化和文化心理的制约，词语或事物的文化含义不同会导致译者的理解错误和误译。所以，作为对另一种语言的理解和阐释的活动，翻译以及在此活动中产生的错误，即对另一种语言的误解与误释就必然是一种文化现象，而不可能只是一种纯粹的语言现象。而这种现象也是不同文化心理碰撞的鲜明例证。

由于不了解文化背景和文化内涵，无意或是由于特定文化意识形态和文化心理有意造成的含有文化意味的语言现象的误译五花八门。对这些误译的文化心理角度的分析，并不能够将这些关于文化意蕴语言现象的误译类型面面俱到，因为其中一些蕴含文化信息的词语和表达方式。比如，语言中的民族物质化的符号或社会化符号本身，表现的只是一种民族文化传统、民族习俗和风情以及民族文化特征。它们确实反映了特殊的文化心理，但在翻译时我们往往运用的是音译或是解释性的翻译方法，很少牵扯到误译。下面就从文化心理的思维、价值、伦理、情感方面对文化性质误译进行研究和探讨。

一、中西思维差异引起的文化性质误译

迄今为止，与译者认知能力有关的误译是我们一直都较为关注的误译类型。它具有较高的语言研究价值和外语教学价值。许多这种类型的误译的确是由于译者本身的认知能力不高、语言积累程度和功力不够，从而忽视或混淆单词的多义方面，以及词的上下文语境等因素造成的。但实际上，在这其中还存在着另外一种现象，那就是从表面上看似是简单的理解偏差，但实质上恰恰体现的是两种文化交流中的本国文化对外国文化的影响或操控（cultural manipulation）在语言层面上的表现。

然而，这里直接起到作用的是语言层面后两种不同的思维方式，因为一般认为，翻译是语言的翻译，语言是思维的外壳。不同的自然环境、社会历史条件使人们在思维习惯和表达方式上不尽相同。从之前的分析可知，语言的表现以及对语言的理解与这种

语言所表现的思维方式等文化心理因素有着必然联系。若能对这些误译进行文化心理的分析，相信可以让人们更加深入地了解一个民族、一种文化在理解语言时特殊的思维方式和习惯。

(一)固有思维方式影响翻译的理解

初学英语的人经常会遇到以下一些状况。

1)看到 a breakdown lorry，往往会认为这是一辆抛锚了的车，而不是"救援车"。

2)看到 riot police，往往觉得是搞暴乱的警察，而不是"防暴警察"。

3)看到 arms talk，以为是关于武器的讨论会议，岂知原来是"裁军会议"。

4)看到 restroom，以为是休息室，而不会觉得是"厕所"。

5)看到 answer the phone，以为是回电话，可是真正的意思是"接电话"。

6)看到 to sleep late，马上感觉到这是"睡得晚"的意思，而不会想到是"起得晚"。

7)看到 match girl，就会认为是"火柴女"，而真正的意思则是"卖火柴的小女孩"。

8)看到 fireman，马上感觉是"火人"，但真正的意思是"消防员"。

9)看到 iceman，马上想到的是"冰人"，但真正的意思是"卖冰的人"。

是什么造成这种错误的理解方式呢？当然可以认为是由于译者的语言功底不够，从而造成理解上的失误。但若只是仅仅将它归咎于语言功力的问题的话，就会将它简单化。其实，这种对外语的理解方式必然有着它深层次的原因。上文提到，中国人的思维方式偏好形象思维、具象思维。形象思维是指人在头脑里对记忆表象进行分析综合、加工改造从而形成新的表象的心理过程，它是思维的一种特殊形式，即通常的想象。所谓表象，是指在物体并没有呈现的情况下,头脑中所出现的该物体的形象。象形文字和形象性思维对中国人在刚刚开始理解英文词汇方面有着巨大影响。

各种文字的字符大体上可以归纳成三大类,即意符、音符和记号。英语属于拼音文字。拼音文字只需使用音符,而汉语则属于表意文字,即它是三类符号都使用的文字象形和指事会意符号。能给读者带来极大的联想拼音文字中,音义之间有不直接的关系,又存在着严重的形音分离现象。同一个字母在不同词中读音不同,同一个音素在不同单词里的字母构成也不同。汉字是形音义的统一体,并且音同形异的字多,字形和字意有着密切的关系,因此汉字形义之间的联系强于音义之间的联系。

正规的汉字书写是建立在象形字基础上音义结合的表意方块文字,字形外廓大致相同具有较强的图像性使人们在汉字认知过程中对形的依赖,特别大汉字的这种直观性和中国人的形象思维互相作用,互相影响,并影响着对外语的认识和理解过程。形象思维的一个重要结果就是当人们看到文字时容易倾向从每一个组成文字本身来对整个词组直接取义。这样当中国人看到英语的拼音文字时,就会不自觉地倾向于从一个词组的组成部分来认识这个词组整体,这就是为什么我们在某些时候特别是初学英语的时候,会很容易直接从其各自的组成单位来认识和推理这个词语和词组。

当一个初学英语的中国人看到 restroom 时,他的形象性思维可能就会使他从词的组成部分来认识这个词,然后会想当然地认为 restroom 就是"休息的房间"——"休息室"的意思;同样看到 answer the phone 也会倾向于将它分解来看,认为是"回电话",而不太会联想到是"接电话"的意思;看到 to sleep late 也会从单个单词上感受到这好像是"睡得晚"的意思,而不会是"起得晚"的意思;所以在刚刚开始接触外语的时候,人们固有的思维方式会首先影响到认识外语的过程,从而导致学习者或译者做出错误的判断。

(二)思维方式影响翻译的语序与句序

中西思维方式的差异也会在语序、句序方面产生影响。据有些英语教育者的研究发现，初学翻译的学生在汉翻英时很容易受制于原文的词序和句序的限制，导致英文的错误翻译。例如：

廉政公署社区关系处的职员今天来跟学生讲解反贪污法例。

在翻译这个句子时候，很多初学翻译的学生的主要问题出在"廉政公署社区关系处"这个机构名词上。即使已经提前告知初学翻译者"社区关系处"是廉政公署辖下三个部门之一，但其在翻译这机构的部门名字时不自觉地依照中文的次序译成如下内容。

the independent Commission Against Corruption Community Relations Department

出现这种错误的主要原因，是因为初学者完全忽略了中英文表达大小从属关系的方法，因为中英文表示从属关系的方法是迥然不同的。中文是先大后小，先述整个机构的名字，后列辖下部门；英文则恰好相反，先小后大，中间用介词 of 连接。因此，"廉政公署社区关系处"的正确译法如下。

the Community Relations Department of the Independent Commission against Corruption

除了语言掌握功力的问题，还有什么原因使得译者在接触外语初始时容易犯下这样的错误呢？一个主要的原因就是由于自身文化习惯的牵制和影响而造成这种认识的偏差。

根据前文的分析可知，中国人较为偏好综合思维，而英美人偏好分析思维。由于中国人偏好综合导致了思维上整体优先，这样中国人思考问题的程序习惯是从大到小，而英美人偏好分析，导致了思维上部分优先，使西方人思考问题的程序经常是从小到大。这种差异表现在文化日常生活的各个方面。

在表达时间空间上，中国人也是从整体到部分，从大到小。比如，在空间上，我们以通讯地址为例：中国人是由大地方到小地方，规定的都是国家省、市、县、乡镇、村、街、门牌，如河南省南阳市新野县，北京市海淀区成府路 2 号等，均属此类。

西方对这种序列性的地名结合方式则与中国相反。他们一般是由小地方到大地方，遵循的是门牌、街道、市州、国家的顺序，如联合王国英格兰伦敦米尔曼街 33 号，英文就应该写成 33 Million Street，London，England WCIU 3EJ，UK；美国佐治亚州奥古斯特沃尔顿路 2500 号，英文应写成 2500 Walton Way，August，GA 30910，USA。

在社会关系的表达上，中国人遵循的也是整体、部分、个体的顺序，而英美人却恰恰相反。

（三）思维差异影响句子翻译的时态

在开始接触英语时，还有一种情况容易导致译者犯错，那就是英文动词时态问题。英文中动词时态较之中文而言，分类明确并有较为严格的区分，并且在动词上有着明显的表示。以动词 take 为例，它有着不同时态下的不同形态，只要看到 take，took，taking 和 taken，人们就会知道这个动作的进行情况。

但在中文中，只从单个的一个动词是无法确认这个动作进行的情况的。若想知道这个动作是正在进行是已经进行过了还是尚未进行，一定要靠上下文的语境才能明确。例如：

刚才他说的时候你为什么不表态？

他正在开会你等一下好吗？

明天的谈判你参加不参加？

但在英文中，只要看到 eat，eating，ate，eaten，就已经确定该动作进行的情况了。因此，当翻译每一个英文动词时，译者应该仔细推敲，要分辨出该动作是在过去、现在，还是将来发生的。如果是在过去发生的话，还要仔细分清楚是一般过去时，过去进行时，还是过去完成时。这种时态上出现的错误固然是因为初学翻译的人对语言的基本知识不扎实，但从这些最基本的地方也可以让人们发现中英文语言背后蕴藏着极大的文化心理思维方式的差异。

　　较之西方人的理性思辨，中国人的思维方式倾向于主客体统一的整体协调，有很强的体悟性。抽象的理性思维使得西方人倾向使用逻辑分析的方法对事物步步推理，从而达到对事物的理解和认识，并且这一过程可以用语言明确地表达出来。而中国的整体统一的思维倾向重视直觉体悟和具象，它借助于经验而完成主客体之间的彼此认同，并不是经过严密的逻辑推理而认识事物，因而语言就不能将思维的过程和得出结论的原因比较清楚地表达出来，所以可以看到作为表意文字的汉族语言是出于对自然的模仿，重具象，重意合，而作为表音文字的西方印欧语言则是出于理性的规定重抽象。

　　表意文字重形合，表意语言，音形义相结合，具有多维的空间性，它可以让使用这种语言的人从展开的空间序列中去认识、模拟、把握对象。而表音文字只有一种表现方式，就是"音"；它本身的特点不可能使使用文字的人从空间来认识、表达对象，而需要强调它内在的逻辑性，通过时间的延续来说明外部事物。正是因为这种深植内心的不同的思维方式及由其产生的不同时间观念导致了人们在初学翻译时经常不自觉地忽视或弄错英语中各种各样的时态表达。

　　初学英语时，对于反义疑问句的回答也是经常会弄错的一个问题。反义疑问句是以否定形式出现的一般疑问句。例如：

You haven't ever been to New York, have you?

你没有去过纽约，是吗？

对于这个问题，英语和汉语的回答分别是：

Yes, I have.

"不，我去过。"

No, I haven't.

"是，我没去过。"

　　但在初学英语时，人们常常将"Yes, I have."翻译为"是，我去过。"将"No, I haven't."译为"不，我没去过。"这样的回答与英文回答正好恰恰相反。

从上面可以看到，英语的应答词和答句前后一致，应答词是肯定的，答句也是肯定的，应答词是否定的，答句也是否定的；汉语正好相反，应答词肯定了对方的问句，答句内容却是否定的。

英汉两种迥然不同的回答形式其实也在一定程度上显示了英汉两种思维方式机制的不同。

1)中国统一的思维方式偏向使中国人重视整体，重视人与人的和谐，重视所处社会的社会关系。人们在回答这种问题时倾向对问句的语义做出反应和判断，站在问话人的立场上，肯定或否定问话人的推断是正确或错误的，注重的是人情。

2)西方的对立思维使他们注重从事物本身出发看问题，从语义所指称的事物的关系看问题，更注重思维的一致性和逻辑性，这样的思维使英语的Yes或No是对问句的事实做出反应后的对错判断，比较尊重客观事实及其存在的方式。

从上面的分析可知，这一类错误并非简单地由于译者的语言功底而引起的，因为在初学外语时所犯的错误在某种程度上其实更为明显地显示出了两种文化在思维方式上的差异。

接受国文化的思维方式和文化心理在外语初学者对外语的理解和认识上起着很大的作用，显示了接受国文化心理对外来文化的操纵。这种思维方式和文化心理差异的探讨会让人们从语言的表面转移到语言身后更为广阔的文化背景，从而发现一个民族在理解外语时的独特性格和倾向，以便更好地进行不同文化之间的交流活动。

二、中西价值差异引起的文化性质误译

由中西价值系统的差异而引起的误译，有一个很典型的例子。对于 individualism 这个词的翻译，一直以来我们都将它直接按照字面意思翻译成"个人主义"。但这种翻译在中文的接受心理中所引起的情感反应与原文的情感反应大相径庭。

如前所述，中西文化价值观上的一个主要差异，就是集体主

义和个人主义的差异。

西方人强调的是个人主义传统，individualism 被认为是个人最重要的美德，是靠自己和个人独立的最重要的品质。它主张的是个人的正直以及经济上的独立，强调的是个人的主动性。在欧洲个人主义是近代资产阶级资本主义发展的积极动力之一。他们勇于进取，珍视个人权利，敢于漠视政府和法律。"个人主义"这个词是指一种独立自主的个人品质。它所表明的人生态度是将自己看成单独的个人，而不是家庭社区或其他团体中的密不可分的一员。他们既不依赖别人，也不喜欢被别人依赖。这个词重视自我价值的积极体现，被赋予进取向上的价值意义。

"个人主义"在中国文化体系中，却是相对于"集体主义"的贬义词。对"个人主义"，它所蕴含的是自私自利、损公肥私、从个人出发，将个人利益凌驾于集体利益之上等遭受人们唾弃的否定的价值观念。

其实，中西方的自我观念在不同价值观念影响下内涵是截然不同的。中国的自我是置身于群体关系下的自我是通过各种不同的关系来认识的自我，而西方人的自我则是建立在个体化的基础上的。与中国人认识自我的方式不同的是，西方人是以自我为中心来认识周围的各种关系的。所以可以这样认为，中国人强调的自我其实是一种客观上的自我，实质上它注重的是人际关系，而不是个体的独立性自我的价值体现。

西方自我观念是建立在主观基础上的自我，它通过自身的体验来认识世界认识周围的关系，并且认为他们的各种行为是与这一环境相符的，是同一本质的。而不是像中国人首先想到的是社会关系和整体环境，然后在从这个环境中或是这种社会关系中得出自己应该遵循的原则和认识到自己应该扮演的社会角色。所以，西方的自我确认首先是在改造世界客体与自身主体的活动中认识自己，在这种意义上，自我同样被赋予一定的义务与责任。

上面的这种误译非常有效地反映了不同文化之间的相互作用和不同文化心理之间的差异。它不仅受制于一个民族的文化心理积淀的影响，也受制于不同历史时期的社会文学和文化心理的接受环境的影响。

三、中西伦理差异引起的文化性质误译

西方的伦理思想和道德规范体系是以个人为本位，而中国则是以家国为本位。就中国而言，它是一个以农业自然经济为基础，有着几千年封建社会统治的国家。农业的经济基础让人们强调乡土情谊，更加注重血缘宗族关系，而在此基础上发展起来的封建专制制度一方面表现出皇权的至高无上，另一方面强调的是父子关系家庭关系。

这一点表现在社会文化心理上就是人们格外关注血缘关系，家族法规大于社会法律条文。维护血缘家族利益、遵从家族法规成为每个家庭成员的自觉行为和潜在原则。在农业社会的中国，生活在一个乡土共同体的人们以宗族为孝，以乡党为父老兄弟，正是一个人的价值体现。这种孝亲意识不仅表现在对已逝先祖的祭奠，而且表现在对活着的长辈的绝对服从上。例如，对于White House 这个词的翻译。White House 位于美国首都华盛顿，主楼是幢三层的白色楼房。据说当时的设计师受了一座爱尔兰宫殿的影响，也把白宫设计成类似宫殿的建筑。1800 年由第二届总统约翰·亚当斯夫妇启用。1814 年这座建筑不幸失火火灾之后，为了消除火烧的痕迹，整个建筑被涂成白色。

1901 年第 26 届总统西奥多·罗斯福给这座建筑命名为White House，意思是"白色的房屋"。它是美国总统办公室及府邸所在地，同时是美国政府的行政中心，所以后来人们通常用White House 来指代美国政府。White House 并没有被命名为White Palace，其实在某种程度上说明了当时的美国政府民主自由的治国观念。

西方人并没有将政府官邸立于皇权宫殿的地位，但要翻译White House，中国译者的翻译心理不可避免地受到了自己原有

文化积淀的影响，那种皇权思想压过了平等思想，结果便将"白屋"镀金成了"白宫"。我们想当然地称它为"白宫"，究其原因，大概和我国的长久以来封建专制在人们心中的影响脱不了干系。

从秦始皇开始，中国建立了封建专制主义的中央集权制度，它完全从奴隶社会继承了那种贵为天子、富有四海的家园一体的专制主义思想体系。之后，中国的封建社会统治历史长达两千年之久，封建制度和伦理观念在人们的思想上形成极大的影响和制约。皇权至上的思想观念深深地植根在人们的心中，对天子皇权甚至是皇帝住的宫殿人们心中都怀有尊崇和敬畏的情感。

"皇宫"是帝王的居所，是权力的象征，一般老百姓是不能称自己的住所为某某宫的。西方社会的封建时期较短，资产阶级自由平等的思想深入人心，不论是总统还是平民百姓住所都可称为 house，并没有太大的分别。而既然 White House 代表的是一个国家最高管理者居住地。和一个国家的行政中心，那么在翻译成中文时，就理所当然地按照自己的民族习惯和伦理观念，将本来是表现民主自由的平民 White House 翻译成帝王所在的"白宫"。

这种翻译并没有将原文的真实含义翻译出来，更没能把原取名者的真实意图传达出来，不能不说是一种误译。根据中国人的伦理观念和文化心理，这种译法却恰如其分地表达了 White House 在中国人心目中的地位，作为约定俗成的译名，似无更改的必要。

四、中西情感差异引起的文化性质误译

中国人讲究的是中庸的处世哲学。中庸就是凡事不偏、不倚、无过不及、中等平庸。在处世待物上，主张自我与他人他物的兼容并蓄。直接导致的是汉民族内敛、内向的情感取向。我们更注重的是能否在行为中合乎礼的要求，所以中国人提倡凡事以家庭社会和国家为重，个人感情往往放在第二位，在必要时可以忽略甚至可以牺牲。

西方人的情感外向，热烈强调个性的张扬，积极主动。他们不会为了做好人而自我压抑，而是尽量满足自己欲望和要求。我国著名翻译家傅雷在翻译《邦索的爱情》中遇到了这样一个例子：

Six moins！A son age！Et il a tant souffert.

译文将其译为"六个月！在他那个年纪，而且受过多少苦。"这一个句子出现的上下文环境是这样的：

邦索在住院期间向医院负责人要求休假半天与妻子见面。一位护士同情地说他和妻子已经分开六个月了，另一个护士也很同情接着说了上面的话，表达了护士对他们家庭生活不完满，夫妻不在一起的生活的感叹。但这句话的译文似乎告诉读者的是两件事：

1）邦索正当年轻就离开妻子六个月。

2）他在战争中又遭伤残截肢，受了很多苦。

实际上，这句原文讲的只是一件事，即年轻的邦索与新婚妻子分离六个月，因而受了不少夫妻分离之苦。

在这里造成傅雷先生误译的原因也许是文中提到的对于语义作用的理解失误，但更深层次的原因是和中国人含蓄深沉的情感价值系统脱不了干系。中国人的情感价值系统使得中国人对与妻子的别离看得并没有西方人那么重，对情感的流露经常采取克制引导、自我调节的方针。所谓以理节情，发乎于情、止于礼义，这也使人们在生活中情感经常处在自我压抑的状态中不能充分地、痛快地发泄出来。若一男儿为了没有和妻子在一起生活而感到极其痛苦的话，周围的人也会耻笑他没有男子气概，或者觉得他只是考虑到个人情感而没有全身心投入他所从事的社会活动中，而对他颇有不满。

但是，这种对妻子的思念非常符合西方社会的生活习惯和家庭观念，他们把夫妻分离看得很重，因为这是受苦，因为这是对个人情感的侵略。因此，傅雷在论文中给出了此句的一个较为正确的翻译：

"六个月！在他这个年纪，他可受苦了。"

中国是一个文明古国，对中国人来讲，感情和态度是一种隐私，公开化会破坏和谐，至少会丢面子，严重的话还会受到社会谴责。对于个人的情感和态度往往用沉默和其他形式加以控制，很少赤裸裸地发泄出来。在情感系统方面，中国人经常处在一种中庸的自我节制之中，他们对异性的好感，对一些较为敏感的问题，如对某人某事某物的强烈欲望都会受到压制。经常当作个人隐私藏在心里，很少流露出来，或者保持沉默。

社会的发展和不同文化之间日益密切的交流和沟通会影响一国文化心理的变化，文化心理本身就是一个流动的发展过程。这种发展变化也会直接或间接地影响人们对待翻译活动的态度和策略。文化交流的日益频繁会让人们从各个不同的方面了解外来文化，丰富人们的文化心理体验，并且扩大人们的文化心理接受面，更真实地表现出原作的魅力和外来文化的特点。

例如，随着文化交流的日益频繁以及一些特殊语境的关系，现在许多外国人都能理解"龙"在中国文化中所指的特殊含义，他们都能够理解 dragon 在中国文化中其实是一种神奇的拥有极大力量或能力的，而不是凶恶残暴的东西，并且也可以接受像 dragon boat 之类原本心理排斥的表达了。但这是一个渐进的过程，原本"龙"跟 dragon 就是两码事。

对于翻译的讨论以及对误译的看法和观点也应该是一个变化发展的过程。所以，在对待翻译特别是对误译的探讨研究，就应该既从原文出发，讲究译者的客观性，也要从翻译中译者以及读者的接受文化心理，及其所处的时代背景、文化心理、甚至译者的个性心理特征出发，以对翻译有更深入的了解。

参考文献

[1][美]欧内斯特·布莱索著,颜林海译.堪城遗孤[M].成都:四川文艺出版社,2010.

[2][瑞士]费尔迪南·德·索绪尔著,于秀英译.普通语言学[M].南京:南京大学出版社,2011.

[3][苏联]巴尔胡达罗夫著,蔡毅等编译.语言与翻译[M].北京:中国对外翻译出版公司,1985.

[4]陈浩东等.翻译心理学[M].北京:北京大学出版社,2013.

[5]方梦之.译学词典[M].上海:上海外语教育出版社,2004.

[6]封宗信.现代语言学流派概论[M].北京:中国人民大学出版社,2006.

[7]傅敬民.试论翻译的思维建构问题[A].译学新探[C].青岛:青岛出版社,2002.

[8]桂诗春.新编心理语言学[M].上海:上海外语教育出版社,2000.

[9]林宝卿.汉语与中国文化[M].北京:科学出版社,2000.

[10]刘建军.基督教文化与西方文化传统[M].北京:北京大学出版社,2005.

[11]刘宓庆.当代翻译理论[M].北京:中国对外翻译出版社公司,1999.

[12]刘宓庆.英汉翻译技能训练手册[M].上海:上海外语教育出版社,1987.

[13]刘绍龙.翻译心理学[M].武汉:武汉大学出版社,2007.

[14]刘祖培.译学的信息—思维模式[A].译学新探[C].青岛:青岛出版社,2002.

[15]卢明森.思维奥秘探索——思维学导引[M].北京:北京农业大学出版社,1994.

[16]罗新璋.翻译论集[M].北京:商务印书馆,1984.

[17]罗选民.翻译的转换单位[M].武汉:湖北教育出版社,1994.

[18]马祖毅.中国翻译简史(增订版)[M].北京:中国对外翻译出版公司,1998.

[19]彭卓吾.翻译学——一门新兴科学的创立[M].北京:北京图书馆出版社,2000.

[20]钱学森.开展思维科学的研究[A].关于思维科学[C].上海:上海人民出版社,1986.

[21]芮沃寿著,常蕾译.中国历史中的佛教[M].北京:北京大学出版社,2009.

[22]司马贺著,荆其诚等译.人类的认识—思维的信息加工理论[M].北京:科学出版社,1986.

[23]腾守尧.审美心理描述[M].成都:四川人民出版社,1998.

[24]王希杰.语言是什么?[M].上海:上海教育出版社,1983.

[25]王祥云.中西方传统文化比较(第2版)[M].郑州:河南人民出版社,2006.

[26]王晓升.语言与认识[M].北京:北京人民大学出版社,1994.

[27]武锐.翻译理论探索[M].南京:东南大学出版社,2010.

[28]肖峰.从哲学看符号[M].北京:中国人民大学出版社,1989.

[29]熊学亮.认知语言学概论[M].上海:上海外语教育出版

社,1999.

[30]谢天振.翻译研究新视野[M].青岛：青岛出版社,2003.

[31]徐烈炯.语义学[M].北京：语言出版社,1990.

[32]颜林海.翻译认知心理学（修订本）[M].北京：科学出版社,2015.

[33]颜林海.翻译审美心理学[M].北京：科学出版社,2015.

[34]张必隐.阅读心理学[M].北京：北京师范大学出版社,2002.

[35]张德禄,刘汝山.语篇连贯与衔接理论的发展及应用[M].上海：上海外语教育出版社,2003.

[36]张今.文学翻译原理[M].开封：河南大学出版社,1987.

[37]张今,陈云清.英汉比较语法纲要[M].北京：商务印书馆,1981.

[38]赵元任.语言问题[M].台北：台湾商务印书馆,1968.

[39]宗性,道坚.佛教与中国传统文化（论文集）[M].北京：中国社会科学出版社,2009.

[40]董史良.翻译的思维问题[J].中国翻译,1988,(3).

[41]廖海娟.文化视角中的英汉翻译[J].湖南科技学院学报,2010,(3).

[42]刘超,任肖华.中西文化道德价值观比较[J].海外英语,2012,(1).

[43]汤建民.从"思维是什么"到"如何思维"——关于思维分类和思维定义的再思考[J].哈尔滨学院学报,2005,(1).

[44]许国璋.语言的定义、功能、起源[J].外语教学与研究,1986,(2).

[45]许钧.关于翻译理论研究的几点看法[J].中国翻译,1997,(3).

[46]杨武能.尴尬与自如 傲慢与自卑——文学翻译家心理人格漫说[J].中国翻译,1993,(2).

[47]周昌忠.论古希腊自然哲学的原理体系[J].自然辩证法

研究,2002,(7).

[48]周可真.简论西方自然哲学的历史演变——兼论马克思和恩格斯的自然哲学贡献[J].江苏行政学院学报,2015,(2).

[49]朱红文.论近代西方的人文哲学思潮[J].江海学刊,1995,(3).

[50]Aitchison,J. *Words in the Mind:an Introduction to the Mental Lexicon*(2nd ed.)[M]. Oxford:Blackwell,1994.

[51]Barbara,J. ,Grosz & Canace,I. Sidener,Attention,and the Structure of Discourse[J]. *Computer Linguistics*, 1986, (12).

[52]Bell,R. T. *Translation and Translating:Theory and Practice*[M]. Beijing:Foreign Language Teaching and Research Press,2001.

[53]Bock,K. & Levelt,W. J. M. Language production: gammatical encoding[A]. *Handbook of Psycholinguistics*[C]. San Diego:Academic Press,1994.

[54]Carroll,D. W. *Psychology of Language*[M]. Beijing: Foreign Language Teaching and Research Press,2000.

[55]Costa,A. ,Colome,A. & Caramazza,A. Lexical access in speech production:the bilingual case[J]. *Psychological*,2000, (21).

[56]Cutler,A. & Isard,S. D. The production of prosody [A]. *Language Production*[C]. London:Academic Press,1980.

[57]De Groot,A. M. B. Bilingual lexical representation:a closer look at conceptual representations[A]. *Orthography,Phonology, Morphology,and Meaning*[C]. Amsterdam:Elsevier,1992.

[58]Ferreira,F. The creation of prosody during sentence production[J]. *Psychological Review*,1993,(100).

[59]Graesser,A. C. et al. Discourse comprehension[J]. *Annual Review of Psychology*,1997,(48).

[60]Green,D. W. Mental control of the bilingual lexico-semantic system [J]. *Bilingualism: Language and Cognition*, 1998,(1).

[61]Jiang, N. & Forster, K. I. Cross-language priming asymmetries in lexical decision and episodic recognition[J]. *Journal of Memory and Language*,2001,(44).

[62]Kintsch,W. & Van Dijk,T. A. Towards a model of text comprehension and production[J]. *Psychological Review*, 1978,(85).

[63]Kormos,J. Monitoring and self-repairs in L2[J]. *Language Learning*,1999,(2).

[64]Kroll, J. F. Assessing Conceptual Representations for Words in a Second Language[A]. *The Bilingual Lexicon*[C]. Amsterdam:John Benjamins,1993.

[65]Kroll, J. F. & Stewart, E. Category interference in translation and picture naming:evidence for asymmetric connections between bilingual memory representations[J]. *Journal of Memory and Language*,1994,(33).

[66]La Heij,W. Selection processes in monolingual and bilingual lexical access[A]. *Handbook of Bilingualism: Psycholinguistic Approaches* [C]. Oxford: Oxford University Press,2005.

[67]Levelt,W. J. M. *Speaking:From Intention to Articulation*[M]. Cambridge,MA:MIT Press,1989.

[68]Lewis,M. M. *Infant Speech:A Study of the Beginnings of Language*[M]. London:Kegan Paul,1936.

[69]McCarthy, M. *Vocabulary*[M]. Oxford:Oxford University Press,1990.

[70]Muller, Friendrich Max. Lectures on the Science of Language[A]. *The Origin of Language*[C]. Bristol:Thoemmes

Press,1861.

[71]Nattinger,J. Some current trends in vocabulary teaching[A]. *Vocabulary and Language Teaching*[C]. London:Longman,1988.

[72]Newmark,P. *A Textbook of Translation*[M]. New York,London:Prentice Hall,1988.

[73]Pike,K. *The Intonation of American English*[M]. Ann Arbor:University of Michigan Press,1945.

[74]Potter,M. C. et al. Lexical and conceptual representation in beginning and proficient bilinguals[J]. *Journal of Verbal Learning and Verbal Behavior*,1984,23(1).

[75]Sokmen,J. A. Current Trends in Teaching Second Language Vocabulary[A]. *Vocabulary: Description, Acquisition and Pedagogy*[C]. Shanghai:Shanghai Foreign Language Education Press,2002.

[76]Tancock,L. W. Some problem of style in translation from French[A]. *Aspects of Translation*[C]. London:Multilingual Matters,1958.

[77]Umamoto,T. Tagi no Saiko(Polysemy Reconsidered). *English and English Teaching* 2[M]. Department of English, Faculty of School Education,Hiroshima University,1997.

[78]Whitney,W. D. Nature and Origin of Language[A]. *The Origin of Language*[C]. Bristol:Thoemmes Press,1875.

[79]Zhu Chenshen. UT Once More:The Sentence as the Key Functional Unit of Translation[J]. *META*,1999,(3).